SUR MES QUATRE JAMBES

Éditions du Rocher
28, rue Comte Félix gastaldi - BP 521 - 98015 Monaco

www.editionsdurocher.fr

ISBN 978-2-268-08042-0

Bernard Sachsé
Véronique Pellerin

SUR MES QUATRE JAMBES

récit

éditions du
ROCHER

CHEVAL
CHEVAUX

collection dirigée par
Jean-Louis Gouraud

Dans la même collection

Adnan Azzam
À CHEVAL ENTRE ORIENT ET OCCIDENT

Ángel Cabrera
CHEVAUX D'AMÉRIQUE

Astolfo Cagnacci
CHEVAUX EXTRAORDINAIRES

Philippe Deblaise
GASPARD DES CHEVAUX

Antoinette Delylle
L'ÉQUITATION SENTIMENTALE

Jean-Louis Gouraud (et compagnie)
« C'EST PAS CON UN CHEVAL. C'EST PAS CON ! »

Jean d'Orgeix
MES VICTOIRES, MA DÉFAITE

Pierre Pradier
L'ÉCOLE DES CENTAURES

Léon Tolstoï, Alexandre Kouprine, Carl Sternheim
QUAND LES CHEVAUX PARLENT AUX HOMMES

Aimé-Félix Tschiffely
DON ROBERTO

Adeline Wirth
CHEVAL DE CŒUR

Collectif
HISTOIRES D'AMOUR ET DE CHEVAUX

Prologue

« Relève-toi, dit Mario. Le cheval s'est bien cabré. Ta chute est parfaite. C'est la plus belle prise. »

Je ne sens plus rien. Je suis bloqué, souffle coupé. J'ai pris un autobus dans l'estomac.

L'équipe de tournage n'a rien vu. Moi, je sais. Je suis touché à la moelle épinière.

Cavalier, professionnel, infirme : maintenant, je fais comment ?

Première rencontre

La matinée touchait à sa fin. Le soleil était haut dans le ciel, la chaleur commençait à envahir doucement le pré et la forêt en bordure.

J'ai sept ans et je passe mes week-ends de petit banlieusard à la campagne. C'est pour moi une bouffée d'air essentielle.

Le pré est immense, vingt hectares d'un seul tenant, à flanc de coteaux, qui déroule ses hautes herbes blondes en pentes abruptes, ou adoucies. Je suis allongé dans l'herbe et je contemple une buse qui tourne lentement dans le ciel. Je suis envahi d'une grande sérénité : la buse veut me dire quelque chose. Un message. Peut-être de mon père.

Le rapace dessine une chorégraphie initiatique, me semble-t-il.

Mon père est mort quand j'avais trois ans. Les adultes m'ont dit : « Ton papa est parti au ciel. » J'avais scruté les nuages, j'avais cherché, mais en vain. Plus tard, bien plus tard, j'ai compris le sens des mots.

La buse est haute dans le ciel. Mais j'ai parfois l'impression de pouvoir la toucher de la main. Elle continue ses cercles, inlassable et infatigable. À la recherche d'un minuscule mulot. Il fait chaud, l'air embaume l'herbe et les fleurs. Je mâchonne un brin d'herbe. J'en sens le goût presque sucré sur les lèvres. Je ne quitte pas le rapace des yeux. J'attends la suite. Il s'écoulera quelque temps avant que l'oiseau ne plonge, silencieux et puissant. Il disparaît de mon champ de vision, puis réapparaît vertical et toujours aussi silencieux.

Jamais je n'oublierai l'intensité de ce matin d'été. Je me sentais relié à la terre et aux êtres.

À mes côtés, trois chevaux broutent bruyamment, en soufflant de temps à autre par les naseaux. En ce début d'été, je rencontre mes premiers chevaux. Plus exactement deux chevaux et un poney, pie, noir et blanc. Je peux rester assis pendant des heures et les contempler, fasciné. J'apprends à les observer en m'approchant d'eux le plus possible. Je les regarde brouter. J'écoute leur respiration et je sens l'odeur de leur robe chauffée par le soleil. Ils sont puissants, les muscles roulent sous la peau et leurs jambes sont fines. C'est ce mélange de force et de finesse, de puissance et d'élégance qui me procure une satisfaction esthétique.

Je prends l'habitude de rester dans ce champ avec les chevaux, dès que je le peux.

Le poney s'appelait Shepsy, contraction de Pepsy et de shetland. Un rondouillard à la crinière hirsute. Un jour, après s'être roulé, il part dans une frénétique série de ruades, dont le motif reste inexpliqué jusqu'à ce qu'on découvre qu'un chardon, coincé sous la queue, lui pique les fesses. Deux adolescents, qui montaient régulièrement les chevaux, se trouvaient là. Il leur prend l'envie de remettre le chardon sous la queue du poney et de se livrer à une séance de rodéo. Les chutes déclenchent rires et exclamations. C'est alors que je veux essayer moi aussi.

Je grimpe sur Shepsy et au milieu du fou rire général je suis proprement vidé. Par la suite, quand on aura débarrassé le poney de son chardon, je resterai sur son dos, me laissant promener là où il avait envie d'aller. Je me coucherai le nez dans sa crinière, ou bien je m'allongerai de tout mon long sur son dos, la tête sur le mol oreiller de sa croupe charnue.

À ces moments-là, je me sens libre, et le cœur allégé. Comme si on m'avait retiré un poids.

Je sais aujourd'hui que Shepsy et moi étions entrés en contact et que cela comblait un vide.

Deux semaines plus tard, un dimanche matin où je suis resté chez moi, je me surprends en plein rêve. Je peux voir ma main gauche, hors du lit, qui caresse. Instantanément mon rêve s'évanouit, et ne reste qu'une sensation de manque. C'est Shepsy que je caressais. D'ailleurs je rêvais de lui. J'ai compris que les chevaux m'avaient pris.

Jean-Marie Rouillé

Quelques années plus tard, ma mère a acheté une maison en Bretagne. Une des raisons de ce déménagement était sans doute liée à la carrière de voyou en herbe que je menais dans ma banlieue. Une mise au pré paraissait nécessaire à mon professeur de mère. La maison qu'elle trouve se situe au cœur de la terre bretonne. Loin des plages pour touristes mais dans un paysage de landes, de forêts habitées par les elfes et par les fées. À chaque détour de la forêt surgissaient Lancelot du Lac et les chevaliers de la Table ronde.

La maison entretenait cette ambiance : de pierre, de granit et d'ardoise. Austère et chaleureuse avec son énorme cheminée.

Je m'y suis tout de suite senti chez moi. Me retrouver plongé dans la solitude de la campagne ne m'a posé aucun problème. Rapidement je me lie avec un agriculteur des environs qui labourait avec sa jument. Je passe mon premier été avec Lucien. Je l'aide à rentrer ses foins. C'est comme cela que le petit parisien se fond dans le paysage et, pas fier, se fait accepter.

Ma mère rencontre de son côté plusieurs membres de diverses communautés. Il s'agissait surtout d'intellos de gauche, postsoixante-huitards, qui vivaient un retour à la terre plus ou moins réussi. À base de fromages de chèvre, de pain bio et de discussions philosophiques et existentielles. Un soir, dans une de ces communautés, la veillée tourne autour d'une manifestation organisée à la suite d'une plantation massive de sapins. Les agriculteurs du coin s'y retrouvent car chacun est bien persuadé que les conséquences d'une telle plantation seront nocives pour la fertilité de la terre.

Quand j'entre dans la salle où se déroule la réunion, quelqu'un me glisse à l'oreille en me montrant un petit homme sec et chevelu, à la voix rauque et puissante. «C'est Jean-Marie Rouillé, un étalonnier.»

Le mot a évidemment sur moi un effet énorme et je fais rapidement sa connaissance.

Jean-Marie avait une cinquantaine d'années. Il avait un aspect étonnant pour un agriculteur du fond de la Bretagne. Les cheveux épais, longs, tombant sur les épaules, le visage émacié et buriné, les yeux clairs, vifs, intelligents. Une tête à la Manitas de Plata. Il avait un abord courtois. En tout cas, il n'a pas considéré avec dédain le môme que j'étais et il a tout de suite accepté que je me rende chez lui.

Il se tenait très droit, avec un port de tête altier. Il ressemblait à ses chevaux.

Il élevait des lourds, des postiers bretons. Il était d'ailleurs l'un des derniers étalonniers privés de Bretagne et il livrait les Haras nationaux. Il possédait aussi des chevaux de selle, des pur-sang et des anglo-arabes.

À proprement parler, ce n'était pas un cavalier. Un homme de cheval, oui.

Il habitait à une trentaine de kilomètres de chez moi, avec sa vieille mère, Maria, dans un village qui s'appelait

Resthouanet. Ce qui voulait dire en breton « Le reste des chouans ». Je me disais que j'étais tombé sur le dernier des Chouans. Il en jouait d'ailleurs et cultivait son apparence celtique. Sa ferme était une bâtisse quelconque, d'un seul tenant. Au rez-de-chaussée, en enfilade, une étable, une écurie, et une pièce commune, dans laquelle s'alignaient en alternance deux grosses armoires et deux grosses horloges. C'est dans cette pièce que nous mangions, que nous vivions et que nous dormions, moi sur un lit de camp, et lui dans son lit de coin, enfoui sous un énorme édredon. La cuisinière électrique Aga, cher payée, qui avait remplacé l'ancien fourneau à bois, trônait à côté d'une cheminée sans charme.

En face de cette pièce, il y avait la chambre de sa mère dans laquelle nous nous retrouvions les soirs d'hiver particulièrement rudes. Maria faisait alors des galettes ou des omelettes.

Au-dessus le grenier servait de réserve à grains.

Soucieux d'une certaine modernité, Jean-Marie n'avait pas hésité à entreprendre des travaux importants : la construction de toilettes, d'une salle de bain et d'une buanderie. Le tout quasiment pour mon usage exclusif puisqu'il n'était pas question que Jean-Marie utilise ces équipements. Pour lui, les toilettes restaient dans la nature entre les ajoncs et les genêts. Il ne pouvait concevoir « qu'on chie dans un puits ». Quant à la baignoire, elle lui a toujours paru très pratique pour entreposer ses patates ou ses peaux de mouton.

À l'écurie, dans le box, un splendide postier breton entier. Alezan brûlé, liste en tête, balzane, une tête pleine de sang. Un cheval difficile, caractériel. Il l'avait acheté à dix-huit mois et il le revendra à trois ans aux Haras. Une telle activité, pour faire vivre son homme, supposait coup d'œil et savoir-faire. Car les postiers ne pouvaient se vendre qu'attelés.

Tout de suite, Jean-Marie m'a pris sous son aile. Je passais chez lui tous mes moments libres, mes week-ends, mes vacances. J'y travaillais, et sérieusement.

Jean-Marie n'élevait pas que des chevaux. Il avait aussi des bêtes à cornes et des moutons. Il mettait en valeur soixante-dix hectares, en vallons et petites collines. Il fallait souvent descendre dans les prairies ou monter les coteaux. Ce qui pouvait vite se révéler pénible quand on nourrissait les bêtes en apportant pour chacune à dos d'homme trente kilos de paille ou de foin. Il y avait plusieurs lieux de distribution de nourriture et l'opération se renouvelait trois fois par jour. À la fin de la journée, les kilomètres et les ballots de paille pesaient sur les clavicules, le dos et dans les jambes.

L'été, les foins et les récoltes étaient rentrés avec les chevaux. Tout comme autrefois. L'automne, c'étaient les betteraves. Le tombereau était tiré par deux chevaux en flèche. L'hiver, le fumier était épandu dans les champs. Bêtes et hommes vivaient et travaillaient ensemble.

Jean-Marie tenait beaucoup à cette manière de faire, « naturelle ». Il m'apprenait comment lier une gerbe de foin en torsadant des brins, ou comment assembler un fagot de bois sans ficelle. Il m'apprenait à ne rien gaspiller, ni eau, ni grains. À exécuter les gestes justes et nécessaires.

Jean-Marie n'était pas un « écologiste ». Simplement il recherchait une certaine qualité dans sa vie, dans son travail et dans le résultat de son travail. Il était très fier par exemple de la qualité de sa viande.

Ses bêtes vivaient en liberté, parfois sans voir l'homme pendant des mois. Les attraper pour les vacciner ou les abattre n'était pas une mince affaire. Je me souviens d'une fois en particulier. Il nous fallait attraper une génisse pour l'emmener à l'abattoir. Pendant deux jours, nous nous sommes efforcés de fabriquer une sorte d'enclos pour diriger le troupeau et pouvoir ainsi isoler la bête. Naturellement, ça n'a pas marché. Le troupeau a piétiné et détruit notre clôture et nous sommes restés Gros-Jean comme devant. Jean-Marie a alors fait appel à un voisin chasseur. Dans une ambiance de chasse au bison, il a réussi à abattre la bête d'une balle entre les deux yeux. Tous ceux qui ont eu l'occasion d'en manger ont tous admis qu'ils n'avaient jamais rien goûté de meilleur !

Au fil des semaines, une véritable complicité s'est établie entre l'homme déjà mûr et le gamin. Jean-Marie m'emmenait partout. Souvent d'ailleurs, c'était moi qui le ramenais, surtout quand il se rendait en ville.

Il avait une Mercedes, une 220D jaune paille. Importante, la couleur. Il avait rajouté de l'argent pour que le garage la lui change : il la voulait, exactement « balle d'avoine ». Et il en était très fier.

Sauf qu'il se refusait à conduire en ville. Il y avait belle lurette que je conduisais clandestinement la voiture de ma mère dans les chemins. Passer à la Mercedes ne fut qu'une formalité... Très pratique pour Jean-Marie qui pouvait compter sur moi les soirs où il partait en piste. En Bretagne, cette coutume locale consiste à visiter tous les amis en buvant un ou plusieurs coups, chez chacun d'entre eux.

Un dimanche, nous nous rendons – après plusieurs tours et détours – chez un éleveur qui nous vend une splendide pouliche. En fin d'après-midi, le marché est conclu et il faut rentrer. Jean-Marie, qui ne tient pas l'alcool, s'effondre sur la banquette arrière de la voiture et me confie les clés. L'entrée dans la cour de la ferme, où j'aperçois avec effroi mes grands-parents, mes cousins de Bordeaux, et ma mère est scandaleuse... Cela faisait un bon moment qu'ils nous attendaient. En nous rendant compte du désastre, Jean-Marie et moi forçons la note enthousiaste : nous avions acheté une vraie merveille et nous allions leur montrer l'étalon de l'écurie. Œil vitreux et gestes mous, Jean-Marie bride le cheval, veut en montrer ses allures et prend un chemin. Tout le monde suit. Je tiens le cheval en main, Jean-Marie empoigne la chambrière. La bête commence à chauffer, à ronfler et... se débride. La démonstration, modèles et allures, tourne à l'affolement général. La tête des cousins de Bordeaux valait le déplacement et ma grand-mère ne s'en est jamais remise. Jean-Marie et moi avons beaucoup ri.

Il y avait aussi des démonstrations sérieuses. Aux grands rassemblements des cantons, des départements et des régions, nous présentions souvent nos produits. Soit des « couillards », soit des juments parfois même avec leurs poulains. Ces concours permettaient aux éleveurs de rencontrer les acheteurs et les représentants des Haras nationaux qui jugeaient et classaient les chevaux présentés. Les points attribués, c'était de l'argent, des primes à l'élevage. Jean-Marie avait une technique bien à lui pour attirer le chaland. D'abord, il courait à côté de son cheval en faisant claquer les talons dans ses fesses, le buste très droit, le rein cambré. Un tableau vivant de Géricault... Il ne lui a pas fallu longtemps pour utiliser mes talents d'acrobate. Il m'a appris comment courir à côté des bêtes, comment synchroniser les mouvements des antérieurs et de mes propres jambes, comment les arrêter net avec suffisamment de souplesse pour pouvoir enchaîner les demi-tours à droite, alors qu'on court le long de leur épaule gauche. Le postier pèse autour de 900 kilos, il est extrêmement vif, et en plus chaud comme la braise au milieu des juments, des poulains et dans la cacophonie de la foire. Moi, à cet âge-là, je pèse aussi lourd qu'un moustique…

Nous avons peaufiné notre technique. Pour m'amuser, je m'étais mis à faire de la voltige de pied ferme. Le cheval à l'arrêt, je sautais par la croupe pour m'installer sur son dos. Puis j'enchaînais le même bond mais en me retournant pour me retrouver à l'envers. J'exécutais même des « boîtes aux lettres », en fait des sauts de moutons par-dessus le cheval. Pour terminer, je faisais le poirier sur l'encolure. Jean-Marie était très fier de me présenter dans ces numéros d'acrobate à la fin des concours, au moment de l'apéritif. Nous faisions sensation, ce qu'il adorait.

Un jour, nous finissions le débourrage d'un poulain anglo-arabe dans un pré que nous utilisions souvent pour ce genre de travail, car il était bordé par trois talus. Comme il était visible de la route, deux fonctionnaires des Haras de la station de monte de Rostrenen se sont arrêtés pour un brin de causette.

« Il va bien ton gars », lance l'un d'eux à Jean-Marie en me voyant trotter sur le poulain.

« C'est malheureux qu'il s'emmerde autant à l'école. » Il faut préciser, qu'une fois de plus, je me trouvais en « congé forcé », renvoyé du collège pour quelques jours.

« Pourquoi il entre pas aux Haras ? », demande l'autre.

L'idée est séduisante : je veux faire du cheval mon métier. Pourquoi en effet ne pas tenter le concours d'entrée ? Renseignements pris, il faut faire vite. Les inscriptions sont closes quelques jours plus tard. Nous sommes à Pâques et le concours d'entrée est en juin. Il y avait plus de cent cinquante inscrits pour vingt places de cavaliers et cinq de maréchaux-ferrants. Ceux qui réussissent les épreuves écrites sont sélectionnés pour le stage du mois d'août qui dure une dizaine de jours. J'ai été sélectionné haut la main. La fierté de Jean-Marie est incommensurable. Avant d'intégrer l'école du Haras du Pin, je lui offre un Larousse du cheval avec une dédicace qui lui dit ma reconnaissance et mon affection.

Entrée au haras

La veille au soir, je prépare mes affaires. Pas question de s'habiller n'importe comment. Les consignes sont strictes : pulls, jeans, chemises, le tout bleu marine. Et puis, les bottes. Des Aigle, noires, neuves, en caoutchouc, avec un petit taquet d'éperon.

J'ai tout rangé dans mes valises et mes sacs. Je partais pour un trimestre. Et je me suis couché excité, comme tout élève à la veille d'une rentrée des classes.

En fait, plus qu'une rentrée des classes, c'était un changement de vie. J'entrais en apprentissage et en internat. J'allais apprendre un métier, j'allais me plonger dans le monde des chevaux. J'allais aussi abandonner ma chambre, mon piano, mes livres et mes disques pour m'immerger dans un univers de mecs, regroupés dans des chambres de huit, vingt-quatre heures sur vingt-quatre, pendant trois ans. Douches communes, réfectoires… l'armée quoi. Il n'était pas question de rentrer à la maison en fin de journée.

Je n'ai pas beaucoup dormi cette nuit-là. Ce qui m'excitait le plus, quand même, c'était de m'imaginer trois ans plus tard. Dans le grand manège, en train de travailler un poulain. J'y étais déjà.

Le matin, ma mère et moi, nous avons chargé les bagages dans la 4L, brinquebalante. Depuis que ma mère avait fait un tonneau, le châssis était faussé et la voiture avait tendance à « appuyer » du côté où on ne voulait pas aller. La matinée était fraîche, ça sentait l'automne, et pourtant on était encore en août. La rentrée au Haras commence quand les autres lycéens sont encore en vacances.

En partant de la maison, nous traversons des paysages connus qui commencent à me quitter. Plus loin, près du lac de Guerledan, la route a été taillée dans le granit. À gauche, elle est surplombée par des blocs de pierre, noirs et rouille. À droite, les champs descendent en pente douce vers la forêt de Quénécan.

Cette forêt, je peux dire que je la connaissais par cœur. Un an et demi plus tôt, je l'avais parcourue en long et en large. Ma mère avait fait la connaissance du curé de Rostrenen. Un jour la « mob » de l'ecclésiastique était tombée en panne et j'ai été chargé de l'apporter chez le garagiste. Une semaine plus tard, à la veille d'un week-end que j'étais censé passer tout seul dans la maison des amis qui m'hébergeaient, j'ai sauté sur l'occasion : j'ai repris la mobylette du curé et j'en ai profité pour me rendre directement dans une communauté baba-cool qui vivait dans cette forêt. Je voulais retrouver Margot. Un pur cocktail des prés dont on disait qu'elle avait un peu de sang espagnol et de sang américain. Elle avait huit ans, et une robe baie. Je la connaissais depuis plusieurs mois et je rêvais de galoper en forêt avec elle.

Ce que j'ai fait pendant plusieurs jours, en oubliant tout le reste. En particulier, l'école, et la famille. Sur le dos de Margot, j'ai été un trappeur, genre Jeremiah

Johnson. Sauf que je n'avais pas besoin de faire semblant, car j'étais à cheval, j'étais dans la forêt, les sabots de Margot marquaient le rythme. J'étais seul.

Au bout de deux ou trois jours, je suis sorti du rêve, et j'ai eu des remords. J'ai appris que l'alerte avait été donnée. Les gendarmes sont arrivés et j'ai été prié de regagner le domicile familial à Paris, trimestre fichu. Je sortais à peine de la gare Montparnasse qu'un camion m'asphyxiait avec son pot d'échappement.

L'heure du déjeuner approche. Nous nous arrêtons rapidement. Dans la voiture, l'ambiance s'alourdit. Plus j'approche du Haras du Pin, plus je me sens comme un poulain qui s'est fait choper dans son pré. Avec son génie pour pousser les gens dans leurs retranchements, ma mère met le doigt sur mon malaise et le voyage se termine dans une engueulade dont j'ai complètement oublié le sujet. À 200 mètres de l'arrivée, elle fait demi-tour et me plante là, au bord de la route avec mes valises et mes sacs. J'entre dans l'école du Haras à pied, chargé comme un baudet.

Le Haras

Je me rends directement dans le dortoir pour y déposer mes affaires. Huit lits en fer sont alignés, quatre par quatre de chaque côté. Les murs sont beigeasses, la peinture est à demi écaillée, les ampoules pendent du plafond. La porte ne ferme plus. À côté de chaque lit, une petite table de chevet. Le tout donne une impression de décati.

De l'autre côté du couloir, les douches et les toilettes sont aussi vieillottes. Dans les douches, pour avoir de l'eau, il faut appuyer sur un bouton toutes les trente secondes.

Mes sept compagnons de chambrée rangent déjà leurs affaires. Les mères s'activent, donnent leurs dernières recommandations. Elles tentent d'organiser méthodiquement les piles de chaussettes, de chemises et de pulls dans des placards de bois trop étroits qui s'alignent dans le couloir. C'est aussi dans ces placards, les seuls qui ferment à clé, que sont rangés le précieux paquet de biscuits ou la délicieuse tablette de chocolat. Plus tard, quand l'élève aura compris l'indigence des menus de la cantine, ce sont des boîtes de pâté qui s'entasseront à côté des chaussettes.

Après avoir jeté mes sacs sur mon lit, je suis ressorti dans la cour, agacé par ces embrassades familiales.

Le lendemain nous avons fait connaissance avec les chevaux. Sous la direction d'un troisième année, nous nous sommes rendus dans les écuries qui nous étaient attribuées. La mienne était la n° 15, la plus proche de l'internat et du grand manège. Le troisième année nous attribue à chacun trois chevaux dont le pansage nous incombe. C'était un Breton. Un petit, sec, la bouche trop large pour sa figure, la lèvre supérieure réduite à un trait. Apparemment sympa. J'aurai plus tard l'occasion de changer d'avis, quand il voudra abuser de son pouvoir de chef d'écurie.

Après le fumier et le nettoyage des boxes, le matin, chacun étrillait ses trois chevaux. Ce pansage se répétait d'ailleurs le midi et le soir, où il devait être fait à fond. Le chef d'écurie vérifiait le travail en comptant les témoins, c'est-à-dire les marques laissées par l'étrille quand on la tape sur le sol pour en faire sortir la poussière accumulée. Le geste, en trois temps était épuisant : la brosse passait à rebrousse-poil puis revenait dans le sens du poil avant d'être frottée contre l'étrille. Et cela plusieurs fois de suite, avant que l'étrille ne soit suffisamment pleine pour que, tapée sur le sol, elle laisse un chargement de poussière assez épais. Cinquante témoins par cheval établissaient une moyenne, mais en cas de revue ou de punition, on pouvait monter à cent cinquante. C'était alors l'horreur car nos chevaux, à force d'être nettoyés, n'avaient plus sur eux un grain de poussière. Nous en étions réduits à tricher en passant subrepticement la brosse sur le mur pour récolter un peu de chaux blanche. Habilement menée, la triche pouvait passer inaperçue mais il ne fallait pas en faire trop. L'œil du chef d'écurie évaluait avec précision l'épaisseur et la nature du témoin.

Le Breton n'a pas résisté à tant de pouvoir. Un soir, alors que chacun était dans son box, il a distribué par surprise des coups de pied au cul. Histoire de rire aux dépens des bleus. Quand son pied a rencontré mon postérieur, je me suis retourné, fou de rage. Je l'ai empoigné et poussé jusque dans la fosse à fumier, trois mètres plus bas. La guerre, disons la guérilla, commençait.

Quelques semaines plus tard, le soir après le souper, deuxième escarmouche.

« Sachsé, tu retournes aux écuries. Tes chevaux sont dégueulasses. Tu ne vas pas te coucher tant qu'ils ne sont pas propres. Cent cinquante témoins par cheval.

– Cent cinquante témoins, c'est cent cinquante baffes, c'est ce que tu veux ? » Pas de réponse. Je vais me coucher.

C'est fini. Je suis encore un bleu mais j'ai la paix.

L'injustice et l'abus de pouvoir ne se limitent pas à l'écurie. Le bizutage existe dans le reste du haras. Tout le monde le sait, personne chez les enseignants ne veut le voir, ni en entendre parler. Car c'est comme ça qu'on devient un homme, n'est-ce pas ?

Les rapports avec les adultes ne sont pas plus simples. Le véto, par exemple. Un personnage imposant. Le visage carré, des dents en touche de piano, l'œil sévère. Même s'il pouvait, parfois, être sympa, ça ne l'empêchait pas aussi d'être injuste comme les autres.

Je me souviens, trois semaines après mon arrivée, de la première inspection sanitaire de rentrée. En prenant le service du soir, je tombe nez à nez avec le vétérinaire qui demande d'un ton rogue :

« Qui s'occupe de ce cheval ? »

Le box désigné faisait partie des trois qui m'étaient attribués.

« C'est moi. »

– L’état des pieds est inadmissible. Les quatre fourchettes sont pourries. Je fais un rapport et je te jure que tu en entendras parler. »

Je suis abasourdi, et je ne comprends pas : je sais que mes chevaux n’ont pas les pieds pourris. Je rentre dans le box et je me rends compte que, dans l’après-midi, le cheval dont je m’occupais depuis trois semaines a été remplacé. C’est un autre qui occupe son box. Je n’en savais rien. Je suis secoué par la violence des reproches auxquels je n’ai rien trouvé à répondre. Impossible de me justifier, j’en avais le ventre noué.

Les enseignants avaient un moyen de pression puissant : les permissions de week-end. Une bride pas suffisamment nettoyée, une selle encore poussiéreuse, un professeur mal luné, n’importe quel manquement justifié ou non, et on restait consigné, de garde, au Haras, alors qu’on avait droit à un week-end toutes les deux semaines. Un week-end qui commençait à 13 heures le samedi, et se terminait le dimanche à 20 heures.

À tout cela s’ajoutait la promiscuité de l’internat. Soixante-dix à quatre-vingts adolescents de quatorze à dix-huit ans, que des garçons, vivant les uns sur les autres. Bagarres, blagues et paris idiots, bizutage, rivalités : une vie quotidienne assez pénible, surtout quand on arrive de sa forêt bretonne.

Les bons moments ne manquent pourtant pas. Car c’est aussi dans ce genre de vie que se nouent des amitiés durables. Et puis, il y avait tout l’apprentissage. Après tout, j’étais là pour apprendre à monter à cheval et j’ai appris. À la dure, comme tout le reste. Avec des heures et des heures de mise en selle dans le manège. L’objectif, c'était de devenir « indévissable ». Les plus téméraires, et j'en étais, partaient sur des couloirs d'obstacles, sans rênes, les yeux bandés, le cheval poussé par la chambrière du moniteur.

Plus tard, les extérieurs peaufineront cette mise en selle : les trottings sans étriers du lundi matin, où la foulée de galop était punie d'une mise à pied au sens littéral du terme. Le cavalier fautif regagnait l'écurie, son cheval à la main, sa selle calée sur la hanche, la sangle confisquée par le moniteur.

Plus tard encore, les extérieurs sont devenus de plus en plus sportifs. Tout se jouait avec la casquette du prof. Quand Boutelleau, en tête de colonne, sans rien regarder derrière, rabaissait les deux oreillettes fourrées de sa casquette, on savait que le galop, plein cul, s'enclenchait instantanément. Mort aux distraits. Exultation intense.

Beudant : première rencontre

Il y avait aussi des cours théoriques. Hippologie, élevage, anatomie… Ça me passionnait. Je n'ai aucun souvenir d'heures pesantes. Bien au contraire. Il y avait aussi l'équitation théorique, c'est-à-dire tout ce qui se rapporte à la locomotion, aux effets de rênes et à leurs conséquences sur la répartition du poids et sur la direction du mouvement…

Un matin, le professeur inscrit trois phrases au tableau noir : demander peu, recommencer souvent et récompenser beaucoup. Signé : Beudant. En dressage, au commencement pour aller vite, il faut savoir aller lentement. Signé : Baucher. Calme, en avant, droit. Signé : L'Hotte.

Je ne connaissais aucun de ces personnages, mais ces trois phrases m'ont immédiatement marqué. Les deux premières citations montrent bien comment et à quoi réagit un cheval. Elles étaient en accord avec ce que je ressentais : dans mes relations avec les chevaux, plutôt la douceur que la coercition, plutôt la communication que le domptage. Rien à voir avec des mièvreries de fillettes aux poches pleines de sucre. La douceur n'exclut pas la fermeté. Mais Beudant et Baucher disaient bien qu'entre l'homme et le cheval, la seule relation profonde et vraie passe par l'harmonie.

De ce va et vient constant entre la théorie et la pratique, naissent de rares instants magiques. Dans le grand manège, tout seul, un après-midi. Dans un silence quasi monacal, je travaille une jument anglo-arabe. L'animal m'a offert à un moment une sensation qui incarnait une de ces devises d'écuyer. Comme si Baucher était derrière mon épaule. Il y a eu coïncidence entre ce que j'avais lu et ce que je vivais. J'étais à ma place. Sur le cheval et dans le monde.

En relevant la tête, je me suis aperçu que ma mère était là. Elle n'avait pas vraiment osé entrer, elle s'était juste un peu avancée, sur le seuil de la grande porte. Pas de commentaire. Elle avait vu et elle avait compris.

La triche

Apprentissage aussi de l'envers du décor. Week-end de concours de dressage, carrière de la poste, Haras du Pin.

Je suis responsable des feuilles de notes et de protocole de chaque juge, que je dois collationner auprès de chacun d'eux. J'additionne les résultats et je calcule les pourcentages. Mes additions se doivent d'être justes car d'elles dépendent les primes versées aux concurrents. Installé dans la guérite face aux juges principaux, je suis concentré. Et surpris quand un de mes professeurs fait irruption les bras chargés de biscuits et de jus de fruit. « Il y a un petit problème. Il y a des cavaliers qui vont se vexer parce que leurs résultats ne sont pas excellents. Ils ne toucheront pas les primes. C'est ennuyeux, parce que ce sont de grands noms. S'ils ne reviennent pas, pour le Haras, c'est mauvais. » Alors ? Alors, j'ai repris chaque résultat et je l'ai augmenté par petites touches pour que ces cavaliers obtiennent un résultat final honorable. Ma première expérience avec le monde de la compétition de dressage. J'en ai longtemps gardé un souvenir amer.

Expulsé

Un matin, j'entre dans le manège sur Baladin. Un entier anglo-arabe, un cheval de CSO (concours de saut d'obstacle) qui sortait en classe A. «Je ne veux pas de cet entier qui s'encapuchonne ici.» C'est Boutelleau, mon professeur, qui m'interpelle. Boutelleau m'aime bien, mais pas au point d'accepter aisément que je monte le cheval d'un de ses collègues dans ses propres cours. Il faut dire qu'en cette fin de deuxième année au Haras, je commence à avoir une petite réputation. Il n'est pas rare, surtout pendant les vacances, que les enseignants me confient leur piquet de chevaux. Même si techniquement je ne suis pas encore au point, je possède une sensibilité qui, en tout cas, leur convient.

Baladin était un magnifique bai cerise. Un malin, joueur. Quand on laissait le balai près de sa porte de box, il se débrouillait toujours pour l'attraper. Soit il balayait devant sa porte, pour finir le travail. Soit il attendait, au fond de son box le passant qui s'attrapait un bon coup de balai sur la tête. Baladin était aussi un cheval dangereux qui se mettait debout, à la verticale. Il pouvait rester sur ses postérieurs très longtemps, le temps de laisser glisser le cavalier qui n'avait pas encore sauté. Il en avait séché plus d'un en main en palettant (en boxant des antérieurs) et mis à terre plus d'un autre même expérimenté. Et c'est vrai qu'en plus il s'encapuchonnait.

Je ne réponds pas à Boutelleau et je continue mon travail. Silence. Boutelleau, au bout de quelques instants, doit reconnaître – et il le fait de bonne grâce – que d'une part le cheval travaille et que d'autre part il tend ses rênes et ne ramène pas le bout de son nez sur son poitrail.

Quelque temps plus tard, le même Boutelleau nous surveille, toujours dans le manège. Chaque cavalier travaille individuellement son cheval. Nous étions une dizaine. Je monte ma jument anglo-arabe habituelle, Jolie Bazeuge, dite, évidemment, « Jolie Baisette ». J'enchaîne mes figures avec une telle facilité, qu'au bout de vingt-cinq minutes, Boutelleau me fait remarquer que je n'ai plus qu'à la rentrer au box pour la remercier de sa bonne volonté.

Décidément, cette deuxième année se termine en apothéose.

La rentrée ne sera pas de la même veine. Entre-temps j'ai passé un été épouvantable. Un amour d'adolescent violent et déçu, un stage professionnel dans un cercle hippique où j'étais tout seul, sous la responsabilité théorique d'une monitrice absente les trois quarts du temps. Et le week-end je jouais du piano dans un bar-restaurant pour augmenter mon pécule.

Quand je reviens au Haras du Pin en septembre – avec une semaine de retard tellement je n'en ai pas envie – quelque chose s'est cassé. Passer un CAP ne me paraît plus une perspective aussi exaltante. Par-dessus tout cela plane la maladie de ma mère. Mes sœurs, mes frères et moi nous le savons : elle va mourir. Ce n'est qu'une question de semaines.

Cette troisième année s'ouvre par un dialogue peu amène avec un nouveau surveillant. « C'est toi Sachsé ? » « Oui » « J'ai entendu parler de toi. » Ambiance...

Ensuite les élèves de troisième année, mes condisciples, m'élisent président des élèves. Un titre qui n'est pas honorifique au Haras : le président joue les intermédiaires entre les adultes et les élèves. S'ils me choisissent, ce n'est pas que j'ai fait campagne, c'est que je suis réputé pour dire ce que je pense, et faire ce que je dis. Par exemple, je n'hésite pas à interpeller le directeur ou à contester tel ou tel point du règlement qui semble absurde. En même temps, je prends volontiers et physiquement la défense des plus jeunes pour leur éviter le bizutage. Je ne pouvais pas supporter que les victimes d'hier, qui avaient subi le bizutage, soient les bourreaux des nouveaux d'aujourd'hui. Surtout que la question avait été évoquée entre nous et que chacun avait juré qu'il se comporterait correctement. Mais ces belles promesses avaient cédé devant la bêtise. Ce qui me donnait un sujet de colère supplémentaire. Une rage qui montait. Une rage qui montait aussi contre les surveillants. À dix-sept ans, on ne supporte plus les brimades et les remarques stupides d'un adulte qui n'a jamais que vingt-quatre ans. Ni cette mesquinerie et ce harcèlement systématique qui les poussaient à contrôler derrière les rideaux de leur logement les élèves qui étaient de garde le dimanche pour les prendre en défaut.

Toute cette rage m'est revenue à la gorge ce mardi midi. Au réfectoire.

En tant que président des élèves, j'étais chargé d'annoncer qu'il y avait le parcours d'obstacle à monter dans le grand manège. Une corvée à laquelle tout le monde s'attelait. Mon rôle était de surveiller que les tire-au-flanc ne s'esquivent pas. Car chacun avait toujours une bonne raison pour se sauver.

«Parcours après la graille» était la formule consacrée. Ce jour-là, je claironne «Parcours après la merde». Rire général. On avait tous tellement faim ! Très content de mon succès je réitère «Parcours après la merde». Une bonne âme s'empresse de fournir au cuisinier les raisons de cette hilarité générale. Furieux le cuistot s'approche de ma table.

«T'es pas content de ma cuisine ?

– Non. C'est pas de la cuisine. C'est dégueulasse, on en a marre d'avoir faim, de bouffer de la merde. Vous en profitez parce que les parents sont loin et que vous pouvez faire ce que vous voulez.

– Cet après-midi, tu vas chez le directeur.

– Non.

– Si, tu iras.

– Non.» Je hurle et j'empoigne le rebord de la table. Les élèves se sont éloignés prudemment. Au plus fort de ma rage, je soulève et balance la table de huit sur le cuistot. Toutes les gamelles volent, les carafes d'eau se répandent et le désastre est complet.

Je quitte le réfectoire et regagne ma chambre en passant par la pièce dite «le tire-botte». Soixante-dix paires de bottes en caoutchouc y répandent en permanence un fumet peu distingué. C'est là qu'un copain me donne le nom de la bonne âme qui a renseigné le cuisinier. Je repars dans ma rage et retourne au réfectoire. Mon entrée est fracassante, le cuisinier se prend la porte en pleine figure et je poursuis dans le même élan l'enseignant-délateur. Il traverse tout le réfectoire en reculant sous mes coups de poings. Je crois surtout que ma violence, mes veines gonflées, mes yeux fous et mon état d'énervement l'ont autant impressionné que mes poings.

Quand je reprends mes esprits, je fais l'état des lieux : tous les élèves sont avec moi dans le tire-bottes. Bien sûr, ils sont tous de mon côté, mais je sais aussi que je serai tout seul à répondre de ce que j'ai fait. Un sentiment mêlé de solitude et de triomphe.

Deux semaines plus tard, c'est le conseil de discipline. Auparavant je suis retourné chez l'une de mes sœurs en attendant la suite des événements, après avoir remis mon matériel de pansage, ma sellerie et mon uniforme aux autorités. Une dégradation dans les règles.

Dans la salle d'hippologie, je me retrouve devant les enseignants et les surveillants. Un ou deux élèves délégués assistent aux débats et j'ai droit à un avocat, en l'occurrence mon frère Jean-Marie. Chacun est assis autour des tables de la classe rapprochées pour l'occasion. Après le rappel des faits, l'enseignant que j'avais frappé a plaidé sa cause et a exigé mon renvoi. C'est alors que mon frère Jean-Marie a mis tout le monde dans l'embarras. Il a simplement rappelé une scène dont il avait été témoin le printemps précédent. Il était venu me voir un week-end de concours. Et il avait entendu comment cet enseignant s'adressait à des élèves : méprisant, et venimeux. « Si vous traitez vos chevaux comme vous traitez ces enfants, il n'est pas surprenant que vous ayez des problèmes. » Silence gêné de l'assistance. Cet enseignant était connu pour être brutal avec les chevaux et justement pour avoir des difficultés avec ses montures.

Finalement, comme personne ne voulait vraiment mon exclusion, mais qu'il fallait quand même ménager l'autorité du professeur, on m'a proposé une sorte de reprise à l'essai, sous condition. J'ai demandé à réfléchir. Je n'avais aucune envie de repasser une année scolaire en affrontant constamment et sournoisement cet enseignant.

La séance a été levée, chacun s'est dirigé vers l'unique porte de la salle de classe. À ce moment, Boutelleau cherche à me convaincre. « Allez, vous avez des examens à préparer, des concours à passer, des chevaux à travailler. Vous restez cette année... » Avec mon frère à mon côté, nous bloquons la sortie le temps de cet aparté. Nous n'avons jamais vu l'enseignant sortir : il avait préféré passer par la fenêtre. Il faut dire que la salle était au rez-de-chaussée.

Je tourne la page : le Haras, c'est fini, les chevaux, je ne veux plus en entendre parler. Ma mère meurt.

Rencontre avec Jeff

«J'en ai marre d'être en ville. Les chevaux me manquent...» Je suis chez ma grand-mère à Paris et j'y déjeune avec mon frère Jean-Marie. Cela fait déjà quelques mois que je suis parti du Haras du Pin.

«Appelle donc Jeff. Je t'en ai déjà parlé. Il a des chevaux et tu pourras peut-être monter chez lui.» Je prends tout de suite rendez-vous et Jeff vient me chercher chez moi le lendemain matin. Direction: Mézilles dans l'Yonne.

Jean-François, que tout le monde appelle Jeff, était le type même du mousquetaire: bel homme, grand, brun, le teint mat, fine moustache noire. Une tête à la Errol Flynn.

Il habitait dans une petite ferme de torchis et de briques. Avec tomettes, poutres apparentes et cheminée. Le tout dans un jardin soigné, fleuri, avec pré et mare.

Je passe le week-end avec lui et sa femme. Je vois ses trois chevaux, le barbe Djebel, le selle français croisé espagnol Porthos, et l'espagnol Hernando. Jeff n'avait qu'un petit rond de longe et ne montait qu'en extérieur. Sa spécialité: la demi-pirouette sur les graviers devant la porte, dès la sortie de l'écurie.

Pendant tout le week-end, il me parle de sa carrière de cascadeur, me montre les photos de son press-book, de ses duels au Lido. Il évoque les acteurs, les metteurs en scène, et me raconte des anecdotes de tournage. Bref, il me fait rêver. La décision de tout larguer, Paris, mon appartement, ma gonzesse, m'envahit. À la fin du week-end, c'est dit : je vais m'installer chez Jeff. Un saut à Paris, pour tout régler. Je prends mes valises et mon chien. Trois semaines plus tard, je suis de retour à Mezilles. Le marché était simple : je m'occupais des chevaux, je payais mon hébergement et lui m'apprenait ce qu'il savait.

À commencer par le maniement de l'épée. À côté de son écurie, il avait un hangar que je me suis aménagé comme salle d'entraînement. Gymnastique, musculation pour manier les lances de tournoi, faites à l'ancienne, en bois bien dur, décorées et d'une lourdeur à vous donner des crampes au bout de quelques minutes. Apprendre à les manier n'était pas une mince affaire. Chacune d'elle s'accompagnait de son costume particulier. Au-dessus des écuries, Jeff avait transformé son grenier en garde-robe avec armures, heaumes, cottes de mailles, costumes, armes, boucliers. Tout y était, même les blasons. Un vrai débarras de château moyenâgeux.

Tout ce matériel avait appartenu à une équipe de cascadeurs, Les Chevaliers du temps. Je ne les connaissais que par ouï-dire. Leur chef était Yvan Chiffre, célèbre en son temps pour sa participation aux films des Charlot. Ils avaient mis au point un spectacle sur Attila et tous avaient la gueule de l'emploi. Certains étaient même des mercenaires, mais, ce qui est sûr, c'est que ce n'étaient pas des femmelettes et leur matos pesait des tonnes.

Dans mon entraînement, il y avait la quintaine, un mannequin armé d'un fléau d'armes qui pivote sur lui-même quand on le frappe. Il y avait les anneaux, dans lesquels doit passer la lance. À quoi s'ajoutaient les duels avec Jeff et surtout avec des figurants qui répétaient le spectacle qu'il préparait pour l'été à Saint-Fargeau.

C'est chez Jeff que j'ai découvert toute une littérature, romans historiques mais aussi livres d'équitation. Il possédait une très belle édition du *Manège royal* de Pluvinel, que j'ai lu et relu. Le soir devant la cheminée, ces livres étaient sujets de discussion. Ou alors je regardais des films classiques dont Jeff me décortiquait chaque cascade ou chaque effet. La fin d'une illusion de spectateur naïf et le début d'un savoir jusqu'à présent insoupçonné. À cette époque le making-off n'existait pas ! Il fallait être professionnel pour ne pas se laisser prendre à la magie.

À la fin du mois de juin, Jeff, et moi nous commençons à répéter dans le parc de Saint-Fargeau. Nous participions à des tableaux, conçus par les frères Guyot. Toute l'histoire de France en deux heures de sons et lumières. Nous intervenions quand il fallait de l'action, un duel, ou une cascade, comme se faire traîner au galop, sauter en croupe sur un cheval, ou s'évader du haut du château. Ces trois actions m'étaient plus particulièrement réservées, et elles s'enchaînaient sur un rythme diabolique. Le paysan que j'interprétais se faisait traîner vers les douves. Dans le noir complet, je me déshabillais et gagnais le haut du châtelet d'entrée en escaladant les marches quatre à quatre. J'enfilais une chemise et quand j'entendais un mot-clé, j'ouvrais un fenestron, j'y jetais une corde et je me lançais dans le vide en rebondissant à gauche et à droite le long de la muraille, jusqu'à un balcon. Quelques coups d'épée avec des gardes rameutés puis je sautais du balcon, atterrissais sur une charrette, écartais rapidement de nouveaux adversaires, et c'est là que Jeff me récupérait au grand galop. Je sautais en croupe si haut que certains se demandaient si ce n'était pas un éléphant plutôt qu'un cheval que j'enfourchais. Le Haras du Pin n'était pas si loin et j'y avais pratiqué avec passion la voltige classique.

Ces premiers spectacles furent jubilatoires. Malheureusement, ils prirent fin au bout de trois ou quatre soirs, quand un final se fut mal passé. Normalement, les cavaliers saluaient en premier puis dégageaient la place pour les figurants. Ce soir-là, le metteur en scène envoie les piétons trop tôt. Je me retrouve coincé dans une farandole humaine. Pour les éviter, alors que je suis au galop, j'exécute une demi-pirouette. La croupe de mon cheval bouscule un figurant qui tombe. Plus de peur que de mal, mais le metteur en scène entre dans une rage folle et me vire séance tenante. Me voilà banni du spectacle pour incompétence. En noble mousquetaire, Jeff prend ma défense et refuse de travailler sans moi. Nous partons et perdons notre contrat. C'est comme cela que Jeff a décidé de monter son propre spectacle.

Tout l'automne et tout l'hiver suivant, Jeff tape frénétiquement sur sa machine à écrire. Il veut faire un son et lumière. Il imagine, il écrit et court après les acteurs, les techniciens du son, de la lumière, des effets laser et pyrotechniques.

Il travaille aussi une bande-son à laquelle je collabore. C'est à cette occasion que je rencontre Denis Lefebvre-Duprey. Un grand escogriffe de 1,90 m, handicapé et cloué dans un fauteuil roulant à la suite d'un accident pendant une répétition au théâtre. Denis s'était reconverti comme musicien et ingénieur du son. Après des journées passées à l'écurie, à m'entraîner avec les chevaux et à répéter les mouvements de duel, je partais à Paris, rejoindre Denis dans son studio. Enfermés et enfumés, nous nous plongions dans la création d'ambiances sonores censées illustrer le futur spectacle.

Au fil des mois, le son prend forme, les tableaux se précisent et les atmosphères se créent. Je découvre que souvent un spectacle prend naissance dans le son. C'est la musique qui sert de support aux images.

Au mois de mai, nous passons à la réalisation pratique. Jeff avait recruté à Saint-Fargeau trois futurs cascadeurs avec lesquels je m'étais entraîné tout l'hiver. Il y avait Thierry, qui sera mon partenaire privilégié pendant plusieurs années, et Jean-Marc, que je retrouverai des années plus tard sur les plateaux de cinéma. Au printemps, nous nous transformons en maçons, menuisiers et électriciens. Dans le parc du château de la Palice, nous construisons les décors et les écuries. Nous installons les gradins, nous participons à la mise en place de la pyrotechnie, tout en continuant à nous entraîner et à fignoler armes et costumes.

Fin juin, tout est prêt : le spectacle commence. Il aura un succès qui lui vaudra en une seule saison une critique très favorable : seront saluées sa légèreté, son originalité et sa proximité avec le public. Le spectacle historique, qui s'appelait *La Mémoire du temps*, commençait dans une ambiance fantastique et féerique. L'usage de la fumée et du laser, dès le premier tableau, transportait le spectateur comme dans une machine à remonter le temps. C'était plus qu'une simple évocation historique, mais un vrai voyage dans le passé qui était proposé au spectateur. C'est cela qui a attiré la bienveillance de la critique.

Le spectacle de La Palice

Le spectacle évoquait en moins de deux heures la vie de la famille Chabannes, dont les deux plus illustres représentants sont Jacques Ier, grand Sénéchal de France et Antoine de Chabannes, le capitaine des Ecorcheurs.

Le tout entrelardé de scènes de la vie paysanne bourbonnaise, de compagnonnages, et de templiers brûlés sur le bûcher. Jeff n'avait pas lésiné sur les scènes d'action : tournois, duels, cascades se succédaient à un rythme suffisamment rapide pour empêcher le spectateur de s'endormir.

Pour nous, acteurs et cascadeurs, la soirée commençait, rituellement, par l'habillage. Se vêtir comme un chevalier du Moyen Âge prend du temps. Et il faut se faire aider. D'abord, placer les protections, genouillères, coudières... Par-dessus, la cotte de mailles. Nous en utilisions certaines en vraies mailles de fer. Il fallait ensuite enfiler la robe. Puis le colletin d'armure autour du cou qui retenait les épaulières. Le ceinturon complétait la tenue avec les gants. Chacun fixait sur son avant-bras gauche sa targe (le bouclier de tournoi), avant de monter son cheval. C'est à ce moment-là que nous nous dissimulions complètement derrière le heaume. Dès lors, le chevalier voit son monde se rétrécir à une mince fente, ou encore n'a-t-il plus devant ses yeux qu'un paysage cloisonné comme derrière un moucharabieh d'acier. Pour compenser ce manque de visibilité, il est impératif de toujours pivoter complètement, à pied ou avec son cheval.

Au fur et à mesure de mon habillage, je me sentais de plus en plus devenir le personnage que j'incarnais. De mieux en mieux dissimulé par mon costume, ce qui me permettait de surmonter mon trac et d'affronter le public.

Au cours de ce spectacle, j'ai eu la chance de monter un cheval excellent en tournoi, Porthos, l'une des montures de Jeff. Un alezan fougueux qui était capable de démarrer en sortie de demi-pirouette, fléchi sur ses jarrets, et de se détendre avec un influx hors du commun. Il était si droit le long de la lice, que je pouvais me permettre parfois de lâcher les rênes au moment où je joutais mon adversaire. À la fin de la lice, je le reprenais aisément. Porthos était d'ailleurs si franc dans ses départs, qu'il a laissé assis par terre plus d'un chevalier à l'assiette incertaine.

La chapelle

Je suis seul dans la chapelle. L'odeur de l'encens et la fraîcheur de la pierre m'enveloppent. Dans la pénombre, je reprends mon souffle. Je sors d'un duel à un contre trois et je me prépare à recevoir l'adoubement.

La scène qui est jouée dehors – des compagnons qui travaillent à la réfection d'une cathédrale – me parvient par bribes étouffées.

Je change de costume et je revêts l'habit du chevalier. Je m'installe dans l'attente. Car dans quelques instants, je vais devenir Jacques Ier de Chabannes, celui-là même dont le gisant de pierre blanche repose devant moi, sa femme à ses côtés. Lui, les mains jointes, elle, les tresses soigneusement roulées, le lion, symbole de force et le lévrier, symbole de fidélité, à leurs pieds. Etrange compagnie par-delà les siècles. De la pierre à la chair : ma bouche va prononcer le serment que le mort a prêté il y a quelque cinq siècles. Les mots reprennent leur puissance, l'orphelin, la veuve, la fidélité à la parole donnée…

Je suis pris par le rôle. Plus le moment de mon adoubement approche, plus je me sens pénétré de la dignité et de la solennité de la cérémonie. Quand monte la musique, ample, intense et un peu mystérieuse, la porte de la chapelle s'ouvre. Derrière mon dos, l'éclairage me fait apparaître parti d'ombre et de lumière. Lentement je mets un genou en terre. Un autre chevalier s'approche et me donne la colée. Quand je me relève, pas de doute je suis Jacques Ier de Chabannes. Je n'ai plus qu'à monter sur mon cheval pour recueillir l'ovation du public et disparaître dans le noir. Des années plus tard, cette scène, peu spectaculaire et sans action, est toujours aussi nette dans mon souvenir…

La dispute

Un après-midi du mois d'août, dans la petite clairière devant les écuries, je suis à cheval, avec quelques autres cascadeurs. Nous détendons nos chevaux quand Jeff arrive sur le sien en créant le désordre. Le contraste est si flagrant que nous nous sentons agressés.

« T'as pas l'impression de nous emmerder avec ton cheval qui stresse tout le monde ? » Pas de réponse. Ce qui ne me calme pas et je lui vide mon sac tout à trac.

Une colère qui vient de loin : depuis deux ans, nous travaillons ensemble, le spectacle connaît un certain succès. Or rien ne change, ni dans la mise en scène, ni dans le rythme du spectacle alors qu'il nous l'avait promis. Il nous semblait de plus en plus évident que Jeff se prenait pour Cecil B. De Mille. Le metteur en scène génial qui dit oui, pour éviter la discussion, et qui ne tient compte d'aucune remarque.

La dispute se poursuit dans le champ clos du tournoi où nous nous rendons lui et moi pour entraîner nos deux chevaux. Un exercice que nous pratiquions souvent ensemble avec bonheur.

« Tu crées une ambiance nulle… tout le monde est remonté contre tout le monde. Cela ne peut plus durer… J'en ai marre, j'me tire… »

Honnêtement, il y avait encore une autre raison à ma frustration : si, depuis deux ans, j'avais acquis beaucoup, je savais aussi que je n'avais plus rien à apprendre de Jeff. Et j'avais peur de m'engluer dans un recommencement stérile.

J'avais appris les bases de l'escrime de spectacle, les exigences et la précision d'une équitation d'action. J'avais appris à travailler dans des conditions antinaturelles avec des chevaux, par exemple tirer un harnais de feu, quand le feu est à 1 200 degrés et que le décor s'embrase. J'avais aussi commencé à apprendre à gérer le trac, le trou noir, à me déplacer devant le public et même à lui faire face…

J'avais aussi appris à travailler avec une équipe passionnée, qui ne comptait ni son temps ni ses idées. Je ne retrouverai plus cet état d'esprit.

L'Opéra

Les galères commencent à mon retour dans la région parisienne : pas d'argent, pas de travail, juste la volonté de refaire du spectacle, mais sans savoir comment m'y prendre. Je suis donc à la recherche de petits boulots.

Par l'intermédiaire d'une amie, j'entre en contact avec le directeur de la figuration de l'opéra de Paris. Il recherchait des figurants « sachant bouger » pour le *Boléro* de Ravel. J'envoie ma photo, la seule que j'aie où je figure à cheval. Rien d'un danseur, que je ne suis pas d'ailleurs. Mon attitude plaît suffisamment pour qu'il me propose un essai. J'intègre donc la troupe des figurants pour une dizaine de répétitions et quatre ou cinq spectacles. Mon passage à l'Opéra me fait découvrir un univers artistique et professionnel diamétralement opposé à ce que je venais de vivre à La Palice. On m'a même proposé de me syndiquer ! J'ai vu comment un violoniste pouvait massacrer tout le travail d'un orchestre parce que sa puissance syndicale et sa capacité de nuisance le rendaient intouchable.

À côté de ça, j'ai pu apprécier le travail et le professionnalisme de certains, à commencer par celui de Patrick Dupond que j'ai pu admirer, au plus près, depuis les coulisses.

Les animations de rue

En même temps je poursuivais mon entraînement au combat avec Thierry, mon partenaire de La Palice. Nous suivions aussi des formations avec des maîtres d'escrime.

De temps en temps, nous décrochions un contrat. C'étaient surtout des animations de rue. Il s'agissait de participer à une quinzaine commerciale ou à une fête de village. Elles commençaient toujours par un défilé qui mélangeait cascadeurs, cracheurs de feu, acrobates… Nous combattions dans la rue ou sur des places. Il fallait savoir oublier l'ambiance flons-flons-merguez-frites et se concentrer sur le combat pour s'y donner à fond. Expérience très utile : nous avons eu ainsi l'occasion de répéter inlassablement les combats. C'est comme cela que j'ai pu mettre au point le duel au bâton que je présenterai plus tard avec Thierry.

Nous ne nous économisions pas. À tel point que parfois les spectateurs oubliaient que c'était du spectacle comme ce policier qui un jour est intervenu pour nous séparer…

Musique

C'est le hasard qui m'a permis de refaire de la musique. J'avais rencontré Arnaud Chambaz à La Palice. C'était le régisseur-plateau. À Paris, je renoue avec lui et il me propose de travailler sur un projet de petits contes fantastiques pour le Minitel. Il s'agissait d'écrire de la musique sur des textes divisés en modules de trente secondes et mis ensuite sur le Minitel. Un projet expérimental patronné par le ministère de la Culture et France Télécom. Nous avons travaillé environ trois mois sur ce projet qui m'a permis d'apprendre diverses techniques liées au montage ou à la prise de son.

Ça s'est terminé en grandes pompes à Beaubourg, en présence de Jack Lang le ministre de la Culture de l'époque.

Encore un monde de passionnés. Je me souviens de cet ingénieur rencontré dans le centre de télécommunications et de transmission de Rennes. Il avait appris que j'étais cavalier-cascadeur et il a voulu me montrer « son » cheval. En fait, une animation sur un écran d'ordinateur qu'il se proposait de présenter au CNIT à la Défense lors d'un salon informatique.

« Votre cheval ne galope pas correctement. C'est pas comme ça… Les battues ne sont pas justes… »

Je lui explique en détail la mécanique du galop. Il a passé la nuit à refaire ses calculs. Au petit matin, son cheval galopait juste…

Chauffeur-livreur

« Vous m'emmenez ? »

Le patron du pressing, un moustachu à casquette à la Sherlock Holmes, s'assied à côté de moi dans sa camionnette de livraison.

Je n'ai plus un sou et je suis bien obligé de faire n'importe quel boulot pour gagner ma croûte. Pour l'instant je suis chauffeur-livreur dans un pressing de Saint-Cloud. Toute la journée je livre des habits propres et j'embarque du linge sale. Je travaille à toute vitesse, en sillonnant les rues de Paris et de la banlieue comme un fou du volant. Je cours si vite que les petites vieilles me poursuivent dans les escaliers pour me glisser leur pourboire. Le patron est ravi : j'atteins une productivité record.

Ce matin-là, il va comprendre comment. Je démarre sur les chapeaux de roue. Sur les portants, les habits sous plastique s'installent à leur place, tout seuls. Je vire, je tourne, je stoppe, je monte les étages quatre à quatre, je reprends le volant et refais crisser les pneus. À un feu rouge, le patron, de moins en moins souriant et réjoui, de plus en plus blême, me demande d'une petite voix.

« Avant de venir chez moi, vous étiez pompier ou ambulancier peut-être ? »

En fait, j'avais une bonne raison pour expédier ma journée de travail à cette vitesse : il me fallait quitter Paris avant les embouteillages de la fin de journée pour me rendre dans une écurie en Seine-et-Marne où m'attendait Atrevido.

Un entier portugais, gris fer, les crins, noirs, épais et fournis, âgé de quatre ans et demi que je venais d'acheter. Mon premier cheval.

Atrevido

Quelque temps auparavant, j'avais rencontré un marchand de chevaux qui avait accepté un échange : je montais ses bêtes gratuitement et je l'aidais aux écuries. Il avait reçu un lot de huit portugais avec et sans papiers. Après m'en être occupé plusieurs jours, l'un d'entre eux m'a plus fait craquer par sa personnalité que par son modèle proprement dit. Il avait sans doute un dos un peu trop long, mais des membres solides et une croupe large. J'aimais son attitude surtout au moment des repas quand il s'arrondissait et qu'il tendait son antérieur. Il collait à l'image que j'avais du cheval andalou.

Après le débourrage, classique, je me suis lancé dans le travail en liberté. En partant de mon travail à la longe, j'ai affiné mes codes. J'ai appris comment me placer et me déplacer en fonction de l'animal et de ce que je voulais lui demander. J'ai essayé de contenir le cheval entre ma chambrière et ma badine, chacune ayant un rôle précis et différent. Arrive ensuite l'apprentissage des figures traditionnelles, révérence, coucher et courbette/cabrade.

Jusqu'à l'attaque. J'ai procédé en me mettant à la place d'un prédateur. Le cheval au bout de la longe broute, en confiance. Je mimais l'approche furtive d'un carnassier, jusqu'à ce qu'Atrevido esquisse des réactions : oreilles couchées, regard coléreux. Je les encourageais. Le cheval, petit à petit, montait en pression jusqu'au jour où il m'a attaqué vraiment. Il a bondi vers moi, avec la puissance et la brutalité d'un entier qui ne joue plus. Je l'ai esquivé mais ce jour-là j'ai compris ce qu'était l'animal dans la nature. Plus proche du fauve que de l'animal domestique. Adrénaline assurée. J'étais content.

Ensuite j'ai travaillé les enchaînements des différentes figures dans tous les ordres réalisables. Par exemple, il pouvait passer du pas espagnol à la révérence, de la révérence, il se couchait, je me couchais sur lui, le temps que je voulais, il pouvait ensuite se relever, attaquer, et terminer par une courbette. C'était devenu un tel jeu que nous nous faisions des parties de cache-cache.

Plus tard quand son dressage monté a été plus avancé, je lui demandais le passage (le passage est un trot brillant et naturel que le cheval adopte pour faire le beau devant une jument. Le dresseur cherche à retrouver cette allure en dehors de toute excitation sexuelle), je sautais le plus vite possible à terre, il continuait son passage et quand j'écartais les bras en reculant, il me fonçait dessus. Je l'arrêtais par une courbette et une révérence.

Falaise

Les galères se terminent en 1987 le jour où Yves Krier, un metteur en scène, m'appelle. Il dirigeait une compagnie composée moitié d'amateurs, moitié de professionnels. Il me propose de participer à une création : l'histoire de Guillaume le Conquérant au château de Falaise.

C'est pour moi un vrai tournant professionnel. Car j'avais tout à faire : créer et régler mes propres combats, et ceux des comédiens, les former, assurer les cascades à cheval, et d'ailleurs commencer par trouver les montures et les préparer. Il me fallait aussi entraîner des dizaines de figurants pour les batailles. Et en plus j'avais un rôle un peu plus consistant que celui de simple cascadeur puisque je donnais la réplique dans plusieurs scènes. Une expérience tout à fait nouvelle pour moi.

Du coup me voilà au travail dès la mi-avril et jusqu'en septembre. Je deviens un pro qui a droit aux ASSEDIC !

J'ai surtout acquis une certaine expérience en travaillant avec des comédiens professionnels et en apprenant à diriger des figurants formidables et enthousiastes mais entièrement amateurs.

J'ai aussi découvert la roublardise de certains Normands. Qui n'a pas entendu parler de feu Alfred Lefebvre ?

C'était un des marchands les plus connus. Il avait des chevaux par centaines surtout dans l'ouest et la région parisienne. Son œil était remarquable : il n'avait pas son pareil pour jauger un cheval même à distance. Rien ne lui échappait, des points de force ou des faiblesses de l'animal. Il savait en particulier juger avec précision des aplombs d'un cheval.

Je me suis donc adressé à lui car le maire de Falaise avait passé un accord avec M. Lefebvre : il nous prêtait cinq ou six chevaux, je les travaillais, il les revendait ensuite comme chevaux dressés et son nom apparaissait parmi les sponsors du spectacle. Tout était réglé, en théorie… En pratique il m'a fallu des jours et des jours de négociations pour obtenir les chevaux. Il me restait à peine deux petites semaines pour les mettre au point. À la dernière répétition, juste avant la générale, tout va bien. Chevaux, figurants, comédiens, tout est en place. En tout cas, mes combats et mes cascades ne posent pas de problème. Le lendemain, vers 17 heures, je me rends dans les écuries pour récupérer les chevaux et je trouve les boxes vides. À cinq heures du spectacle ! Personne dans les écuries pour me donner des explications, et Alfred Lefebvre reste introuvable. Panique du metteur en scène. La générale, devant tous les officiels – maire, conseillers généraux et personnalités du canton – se déroule… à pied. Le Conquérant est un piéton…

Juste avant le lever de rideau, nous sommes obligés de passer une annonce au micro en racontant le mauvais tour que vient de nous jouer Alfred. Comme par enchantement, trois des six chevaux ont réapparu le lendemain, notamment ceux des deux comédiens principaux. Mais les autres avaient bel et bien été déjà vendus.

À partir de Falaise, je découvre à quel point deux partenaires de combat, en l'occurrence Thierry et moi, peuvent à force d'entraînements arriver à un degré de complicité intense. Cet état amène une démultiplication des sensations pendant le combat : vitesse accrue, mais en même temps précision aiguisée par la confiance. L'un des combats, par exemple, se passait dans une taverne. Un espace réduit : Thierry et moi commencions la scène assis à une table, dans la pénombre. Et nous nous engueulions, lui l'Anglais et moi le Normand. La dispute dégénérait et nous nous battions sauvagement. Nous sortions nos deux épées mais très vite il me désarmait. J'esquivais sans pouvoir répliquer et je reculais jusqu'à un billot sur lequel était fichée une hache normande, au manche très long. Je répliquais. Le public, jusqu'alors, suivait le combat avec amusement. J'arrive à désarmer Thierry, en le repoussant violemment sur la table. À ce moment-là j'arme au maximum ma hache. En prenant mon élan, je l'abats de toutes mes forces sur Thierry qui esquive au tout dernier moment. Mon arme s'abat sur un gobelet en terre cuite qui explose en mille morceaux. C'est alors que le public se tait. Le silence est assourdissant et les enfants pleurent.

Même les figurants qui nous côtoyaient à longueur de journée se demandaient si c'était du lard ou du cochon, si nous étions réellement fâchés Thierry et moi. Il fallait une grande dose de complicité entre nous pour obtenir ce résultat.

Le cinéma

Ma rencontre avec Mario Luraschi tient du hasard. L'affaire se fait simplement. Un jour un ami me propose de l'accompagner chez Mario où il a des photos de tournage à montrer. Nous arrivons au Moulin, la propriété qu'il habite à l'époque. C'est Joëlle, son bras droit, qui nous accueille. Mario n'est pas là. Mon ami me présente, la conversation s'engage sur l'équitation. Joëlle se montre intéressée par mon cursus.

« Il y a un tournage qui va commencer. J'ai besoin d'un cavalier. Ça vous intéresse ? »

Quelle question ! Je suis enthousiaste. Depuis que j'avais vu à la télévision une série intitulée *Fabien de la Drôme*, avec des chevaux superbes, des harnachements de même et une manière nouvelle de traiter l'action, je n'avais qu'une idée en tête : travailler avec lui. Entrer chez Luraschi, dans le milieu des cavaliers-cascadeurs, c'était entrer à la Mecque.

« Je vous appelle », conclut-elle. Une semaine d'attente. Infernal.

Finalement rendez-vous m'est donné sur les lieux du tournage, dans un château de la région parisienne. Le film, c'était *Napoléon et Joséphine*. J'avais reçu la consigne de me rendre à l'habillage et au maquillage dès mon arrivée. Je n'avais toujours pas vu Mario Luraschi. En sortant de la pièce des costumes, je le croise.

« Qui t'es toi ? » me demande-t-il d'une voix de rogomme. L'œil est noir et le regard glacial. Je suis vêtu du superbe costume d'officier napoléonien que l'on m'a donné. Et je comprends immédiatement que dans ce métier il vaut mieux commencer comme simple troufion !

Le dégel va vite arriver…On m'attribue un certain Malandrine.

« Ouah ! Tu as le cheval du chef… » me lance une jeune femme.

Ça ne m'émeut pas plus que ça, mais je prends conscience de l'honneur qui m'est fait. En fait, je comprendrai par la suite que le hasard n'est pour rien là-dedans. Si je suis avec ce costume qui me met à priori en tête des figurants, avec ce cheval-là, c'est que je suis testé. Mon histoire, mon expérience, le fait que je sois un cavalier de dressage, que j'aie reçu une formation classique, ont attiré l'attention de Joëlle. Le test sera positif puisque, embauché au départ pour une journée, je resterai jusqu'à la fin du tournage.

Mario Luraschi est un homme solide, assez petit, le regard aigu. Un séducteur, un dragueur même. Tout jupon lui est bon. Il cultive soigneusement sa décontraction apparente, et un humour qui n'exclut pas une autorité sourcilleuse. Il peut entrer dans un restaurant chic habillé comme un cow-boy. C'est un fils d'immigré italien. Il n'hésite pas à le rappeler et à se réjouir de sa réussite. Rien ne lui a été donné. À l'époque déjà, c'était par lui que devait obligatoirement passer tout cascadeur qui rêvait de cinéma. S'il est possible d'avoir assez rapidement des contacts chaleureux avec lui, il n'hésitera jamais à remettre à sa place tout cavalier qui pourrait, même fugacement, lui faire de l'ombre.

C'est pour cela que, tout de suite, pendant une pause, il m'a sorti le grand jeu sur Malandrine. Pas espagnol, passage, trot espagnol avec une énergie remarquable. Démonstration qui se termine, invariablement, par une révérence, prélude au coucher puis à l'assis. Il ne fallait quand même pas que j'oublie qui était le maître...

Il est aussi adroit de ses mains que dans ses relations humaines. Il sait travailler le cuir de ses mains. Il est capable de fabriquer une selle. Il est en mesure de s'occuper d'un cheval, du harnachement à la ferrure. Il « sent » aussi les hommes avec un flair infaillible.

Mon entrée dans l'équipe de Luraschi, c'est un peu la réalisation de mon rêve. L'époque où Jeff me décortiquait les films et les cascades n'est pas si lointaine. Mais je me rends vite compte des contraintes de ce travail.

La journée d'un cascadeur sur un plateau de tournage est scandée par des périodes d'intense activité, suivies d'attentes interminables. Parfois de plusieurs heures. Le pire, c'est le statique. Des heures et des heures à faire le planton à cheval, engoncé dans des costumes d'époque, en plein soleil ou sous la pluie. Le cou rongé par les cols trop serrés, ou la tête transpercée par les épingles qui maintiennent les perruques. Sans parler des casques, toujours trop petits ou trop grands.

Quand on prend du métier, on sait s'organiser pour être le premier à choisir sa paire de botte. Quitte à faire les yeux doux à la costumière. Personnage plus important qu'il n'y paraît pour le confort du cavalier. Et je ne parle pas de la colle pour fixer les moustaches et les rouflaquettes, qui vous irrite la peau. Imaginez le cascadeur malchanceux avec des bottes trop grandes ou trop petites, la perruque qui gratte, la colle des moustaches qui dégouline, le col qui serre et qui gratte, le baudrier mal réglé et le sabre constamment dans les jambes…

Mais parfois, c'est une scène d'action qui se prépare. Je me souviens de la bataille de Valmy. Le metteur en scène avait obtenu la collaboration de l'armée et six cents soldats avaient grossi les rangs des figurants. La mise en place de tout ce monde prend un temps infini. Dans ce genre de circonstances, l'habillage et le maquillage de chacun peuvent commencer à 3 heures du matin alors que la scène ne sera tournée qu'à midi.

Au début chacun gagne sa place, les techniciens se préparent, les ordres et les contrordres se succèdent dans le plus grand désordre. Finalement le silence se fait. La phrase fatidique est prononcée: « Silence, moteur, ça tourne, action ». Et brutalement les artificiers déclenchent leurs explosifs, dans un rythme étudié à l'avance, les cascadeurs à pied se mettent en branle, les cascadeurs à cheval galopent dans tous les sens, là encore sur des circuits prévus à l'avance.

C'est dans ces scènes que le cavalier s'approche au plus près du cheval de guerre que nos ancêtres passaient des heures à entraîner.

Certaines journées de tournage virent rapidement au cauchemar, alors que rien ne le laissait prévoir. Le travail semble simple: suivre le carrosse, en rang par deux, au trot. Mais le cheval qui vous a été attribué a une bouche en béton, est inconfortable au possible et n'a qu'une seule idée en tête, prendre le galop pour dépasser le carrosse. Quand ça dure une journée, et qu'en plus votre costume – voir plus haut – n'est pas adapté, vous avez vraiment l'impression de gagner votre argent. Ce qui explique pourquoi certains cascadeurs, dont l'équitation n'est pas la spécialité, (ils sont souvent engagés plutôt pour chuter que pour monter...) peuvent éprouver de vraies rages. Je m'en souviens d'un en particulier, dans un sous-bois, arrachant une branche feuillue dans la ferme intention d'en corriger sa monture et transformant immédiatement ce bâton en éventail négligemment agité à l'apparition de Mario Luraschi. Nous avons pris l'air de rien mais dès que le chef eut tourné le dos, impossible de retenir un fou rire...

À part l'aspect lucratif, le cinéma est quand même moins satisfaisant que le spectacle vivant. Le travail du cascadeur n'est jamais apprécié à sa juste valeur, en France tout au moins. Un comédien aura droit à dix-huit prises pour dire deux mots, le cascadeur sera prié de réussir son travail du premier coup ou quasiment. Au cinéma, le cascadeur est un technicien et en même temps, il apparaît à l'image. Statut bâtard. Dans un spectacle au contraire, les applaudissements lui sont aussi adressés. Le cascadeur est vu et reconnu sur la scène, mis sur le même pied que les autres acteurs. Au cinéma, certains metteurs en scène oublient qu'ils ont besoin de ses services et ils n'hésitent pas à le traiter avec mépris. Ce qui n'arrive jamais dans un spectacle. L'un des exemples en la matière sera Maurice Béjart

L'appel de Mario

« Bernard ? X… s'est cassé la gueule. Il faut que tu sois demain matin au Grand Palais. Passe au Moulin, prends le cheval Pablo. Et tu me rejoins au Grand Palais. »

Il est 3 heures et Mario Luraschi me réveille sans vergogne. Je suis bien entendu le lendemain au Grand Palais avec le cheval. Aucune idée de ce qui m'attendait.

Mario me rejoint. Il s'agit du spectacle que Maurice Béjart présente à l'occasion du bicentenaire de la révolution française. Je sors le cheval du van et j'accompagne Mario depuis les parkings du sous-sol jusqu'à la scène. Il fallait passer par la salle de maquillage et emprunter une rampe avant d'arriver sur la scène inondée de la lumière déversée par la grande verrière. Mario me montre mon travail : il me faut passer à travers des danseurs, selon un circuit très précis, puis faire cabrer le cheval sur un coup de feu, prendre un danseur en croupe et gagner les coulisses. *A priori*, rien de bien compliqué. D'ailleurs il ne s'étend pas sur les explications.

Je me mets tout de suite en selle, histoire de prendre mes repères. « Ça va, tu piges vite au moins… », s'exclame Mario qui semble avoir gardé une dent contre le malheureux cascadeur précédent. L'ambiance est donc décontractée et c'est la première fois que je peux travailler ainsi avec lui. « Si tu veux, tu pourrais sortir au passage », me suggère-t-il en partant. Quelques secondes plus tard, il se retourne surpris : le bruit des sabots lui a clairement indiqué que j'étais au passage.

Pas de commentaire.

Je venais juste de marquer un point supplémentaire et d'obtenir une goutte de considération en plus.

Ce qui à 10 heures n'était pas compliqué, m'est apparu bien différent à 22 heures, quand je me suis retrouvé à cheval au débouché de la rampe d'accès à la scène : après avoir traversé des coulisses encombrées de matériel et d'humains qui couraient dans tous les sens, j'ai découvert un immense trapèze qui, vide le matin, était le soir plein de danseurs et d'accessoires. Sans parler des lumières que je recevais en pleine figure et des zones d'ombre que je distinguais à peine. Mais le pire était à venir : je découvrais que la scène était glissante car trempée par les flaques de sueur que laissaient les danseurs. À un mètre près, la glissade du cheval était inévitable. J'arrivais quand même à repérer le danseur qu'il me fallait prendre en croupe. Je ne l'avais jamais vu. Et le spectacle s'est déroulé correctement.

Au fil des jours, je m'y suis intégré de mieux en mieux et j'y ai apporté quelques touches personnelles, du pas espagnol ici, du passage là, tout en tenant compte et de la musique et de la chorégraphie d'ensemble.

Du coup, tout le monde s'est retrouvé soulagé. Car j'ai appris par la suite que mon prédécesseur avait un cheval infernal – le même Pablo que je montais tous les soirs. Simplement leur ignorance des chevaux transformait tout incident en drames épouvantables. Soir après soir, la troupe prenait confiance en moi et m'accueillait de plus en plus chaleureusement. À tel point que Maurice Béjart en personne m'a donné une accolade enthousiaste.

En fait, dans ce métier, rien jamais n'est simple. Quand on travaille avec des chevaux, qu'on les utilise au milieu d'une foule, tout peut arriver. La vigilance est un impératif. Tous les soirs.

Hamlet

Quelques semaines plus tard, c'est avec Patrice Chéreau que je travaille. Là aussi, question vigilance, je serai servi…

Je suis engagé pour jouer le spectre dans *Hamlet*. Dans la mise en scène de Chéreau, le rôle du spectre est partagé entre un acteur et un cavalier qui lui sert de doublure à des moments précis. Je suis donc maquillé et habillé exactement comme Vladimir Yordanov, le tenant du rôle.

Première contrainte : la scène est un plan incliné à 10 %. Deuxième contrainte, cette scène est en bois. Troisième contrainte : elle est en relief. Les niveaux sont constamment différents, avec des ressauts de 5 à 10 cm. Il fallait surtout éviter certaines zones, qui pouvaient céder sous le poids du cheval. Mais la mise en scène de Chéreau était très précise, d'une rigueur totale, à 20 cm près. Par exemple, je devais me cabrer devant Hamlet. Ce dernier à demi renversé par l'horreur me repoussait de la main, et les sabots de mon cheval retombaient exactement devant l'ourlet de son manteau.

Mais ces contraintes, déjà lourdes par elles-mêmes, étaient aggravées dans certaines villes. La troupe en effet doit faire une tournée européenne. Et je connaîtrai à peu près tous les cas de figure pour entrer en scène et en sortir. Depuis la plus simple, une rampe droite et large montant progressivement vers la scène, jusqu'à la plus compliquée et dangereuse à Milan. Dans cette ville, j'accédais à la scène en passant sur une sorte de pont fait de bastings, étroits – ils n'avaient pas deux mètres de large – et souples, ce qui donnait une sensation de houle. J'avais auparavant effectué un virage à angle droit dans les coulisses. De part et d'autre le vide. Je poursuivais ma grimpette, jusqu'à une hauteur de 2,50 m après avoir traversé un rideau. J'arrivais, évidemment (!) au galop. Entrer est une chose. Il me fallait sortir. Par le même chemin. Au galop, en pente descendante, avec des éclairagistes qui oubliaient parfois de rallumer dans les coulisses. Et cela quatre fois par spectacle…

C'est dans ce genre d'occasions qu'on vérifie à quel point il est important que le cheval soit dans l'impulsion et dans le couloir des aides. Pas question d'admettre une indécision d'allure, fatale pour l'équilibre. Cela reste vrai même si le cheval est fatigué, même s'il n'a pas envie d'y aller. Aucun état d'âme n'est autorisé, ni pour les hommes ni pour les animaux. Le spectacle avant tout.

Mais les aides, sans la connivence, ne peuvent pas grand-chose. Exemple à Barcelone. Quand la troupe arrive pour donner son spectacle dans la capitale de la Catalogne, la peste équine sévit, les frontières sont bouclées. Impossible donc de s'y rendre avec son propre cheval. Il me faut partir à l'avance pour trouver une monture, qui, en plus, devait obligatoirement être noire ou au moins bai brun foncé. Je finis par trouver un hispano-anglo noir qui n'avait jamais mis un sabot sur une scène.

Y… avait huit ans, il était fin et réactif même s'il manquait de force. De loin, celui qui convenait le mieux de tous ceux que j'avais vus et essayés.

Le défi était simple : j'avais cinq jours pour le mettre aux boutons comme on dit. On a commencé par construire un petit box derrière le théâtre. Je travaille le cheval toute la journée. Encore faut-il savoir ce qu'on entend par travail. Inutile de passer des heures sur la scène, inutile de mettre le cheval tout de suite dans une situation stressante qui va lui déclencher une vraie peur. Ne pas oublier qu'il avait du sang et que tant qu'un cheval de sang ne comprend pas ce qu'on lui demande, le désordre s'installe. Il faut donc s'adresser à son intelligence et à son mental en tenant compte de ses émotions. Ne pas oublier non plus que lorsqu'on monte sur un cheval, si son instinct n'est pas modifié, on donne raison au proverbe arabe : « Quand tu montes sur un cheval, tu mets un pied dans la tombe. » Comment modifier l'instinct en cinq jours ?

J'ai donc commencé par le travail à pied en simple filet en respectant les principes fondamentaux et la bonne relation avec lui. J'ai cherché à obtenir le respect absolu de la main et la réponse immédiate à la demande d'impulsion. Le tout donné par un cheval décontracté. J'ai confirmé cette qualité de relation en étant en selle sur le parking du théâtre, entre les voitures, et en appliquant rigoureusement les recommandations de Faverot et de Beudant (ce sont les mêmes). J'ai en particulier privilégié les séances courtes, de cinq à vingt minutes au maximum, jusqu'à la mise à l'éperon, dans le même état d'esprit. Au bout de deux jours, soit environ six séances, le cheval était déjà bien à mon écoute.

Pendant ce temps, les décors et la scène se montaient. Et je lui faisais de temps en temps faire une petite visite des lieux, histoire qu'il prenne connaissance des bruits divers de perceuses, de marteaux ou autres.

Le mercredi, je peux enfin accéder à la scène où je l'amène après une petite séance sur le parking. Premier test : la rampe que nous grimpons à pied. Sans difficulté notable. Quand ensuite il a mis un sabot sur la scène, il s'est figé, complètement inquiet en ressentant sous ses pieds un sol en bois inhabituel et quasi vibrant. Je le rassure, et il me suit gentiment. D'entrée de jeu je lui donne les repères qui seront les siens tout au long des représentations. Ainsi j'emprunte le même circuit sur la scène, pas de parcours erratique. La chaleur et l'inquiétude du cheval sont telles qu'il dégouttait de sueur à la fin de la séance, qui pourtant ne s'était déroulée qu'à pied et au pas. Il prenait tellement sur lui et il transpirait avec une telle abondance qu'on aurait pu jurer qu'il pissait. Le bruit de la sueur qui s'écoulait de son ventre était continu et résonnait sur le bois de la scène. Récompense immédiate, et retour au box.

Deux heures plus tard, j'y retourne. Simple licol et badine. Cette deuxième séance marque un net progrès. Le cheval me fait confiance et à la moindre sollicitation, il obéit à la badine aussi bien pour s'arrêter, reculer, avancer ou se déplacer de côté. Comme je continue à respecter les principes des Anciens, je vais lentement pour bien assurer chaque progrès. C'est pourquoi mes séances se font de plus en plus courtes au fur et à mesure que progresse le cheval. Pas question de le gaver comme une oie. Certains, dans la troupe, commencent même à s'inquiéter : le cheval et le cavalier seront-ils prêts en travaillant si peu ?

Deuxième étape : je recommence le travail mais monté. Là, il avait compris et il commençait à négocier. Par exemple, tentative de refus de monter la rampe. L'affaire se règle rapidement mais il y va sur les freins, ce que je laisse faire dans un premier temps afin d'éviter le rapport de force. Quand il arrivait sur la scène dans cet état d'esprit, je ne lui demandais plus rien. Simplement de se décontracter et je le récompensais.

Arrivent le jeudi soir et la répétition générale. Le travail des cinq derniers jours est vérifié. Le cheval est « calé ». Il est même dans l'impulsion. Comme je suis parti du principe qu'il montait la rampe au pas et rênes longues, c'est lui qui a voulu changer de vitesse et prendre le galop pour économiser son effort. J'arrivais donc en haut au galop, rênes à la couture. Je les reprenais dès mon entrée en scène. Seul bémol : le cheval était vraiment trop peu puissant pour lui demander des cabrés. Le risque de le dégoûter était trop grand.

Les trois représentations prévues se sont donc déroulées normalement, à la grande stupéfaction du reste de la troupe. En particulier de Gérard Desarthe, l'acteur qui jouait Hamlet. À Milan, en apprenant que la peste équine m'obligeait à travailler avec un nouveau cheval, il m'avait fait part de ses inquiétudes. Je m'étais employé à le rassurer même si j'avais conscience que c'était un gros défi à relever. Le samedi soir, toute la troupe se rend dans un restaurant de Barcelone. Et tous, Chéreau en tête, m'offrent un gigantesque gâteau avec vingt-six bougies. C'était mon anniversaire. J'ai eu ce soir-là le sentiment d'appartenir à la troupe et d'y avoir gagné mes éperons.

Mais, comme dans toute tournée, il y a eu des moments de tension. Ça nous est arrivé à Francfort. La ville est antipathique au possible. Tout y a mal commencé. Peu après mon arrivée, une fois le cheval installé dans un club, je me gare devant mon hôtel. Que se passe-t-il à ce moment ? Toujours est-il que deux des roues de mon 4x4 s'enfoncent jusqu'au moyeu dans une plate-bande que je n'avais pas vue. Moi, qui venais de faire des milliers de kilomètres à travers l'Europe sans un seul pépin, il m'a fallu appeler une dépanneuse pour sortir de cette situation. Bien entendu, cet incident survient alors qu'on m'attend au théâtre…

À la répétition, je constate dès mon arrivée que la scène a été nettoyée avec un produit dont je ne voulais absolument pas car il faisait certes briller le parquet mais aussi glisser le cheval. Ma demande avait été jusqu'à présent prise en compte, mais, ce jour-là, elle avait été ignorée. Je ne peux évidemment pas travailler dans ces conditions et l'ambiance s'alourdit.

Les lieux étaient disposés de telle sorte que si je ne me baissais pas à ma sortie de scène en arrivant sur la rampe je risquais d'être décalotté par le rebord d'un balcon. À tel point que le comédien que je doublais, Vladimir Yourdanov, qui m'attendait au bas de la rampe pour faire son entrée, était à chaque fois convaincu que je m'assommais en sortant de scène…

À cela s'ajoute la moquette mal fixée sur la rampe. Je frôle la catastrophe car le cheval manque de se prendre les pieds dans un pli.

Et pour couronner le tout, les crottins de Buffalo. Patrice Chéreau avait insisté pour qu'il n'y ait pas de crottins sur la scène. Inutile de risquer la glissade des comédiens… Surtout qu'il est impensable de voir un balayeur intervenir entre deux tirades d'Hamlet. Une solution avait été trouvée : attacher un petit sac de cuir sous la queue du cheval. Il faut savoir qu'un cheval réagit au stress par le crottin. Un peu plus de stress, le sac déborde et voilà le metteur en scène furieux. Je suis sommé de trouver une solution. Il n'y en avait qu'une : changer les heures des repas de Buffalo et l'ordre des aliments. Au lieu de lui donner les fibres – foin et paille – deux fois par jour, je ne lui en donnais plus que le matin. Les crottins de Buffalo sont rapidement devenus une obsession. Je surveillais son transit avec inquiétude. Mon cheval n'était plus qu'un tube digestif et je ne le regardais plus que comme un intestin sur quatre pattes. Francfort est une étape de la tournée qui m'a laissé de mauvais souvenirs.

Russie

Les souvenirs que m'ont laissés la Russie ne sont pas du même ordre : des galères infernales, des complications administratives sans nombre, des conditions de travail et de logement épouvantables, mais aussi des rencontres fantastiques et des fêtes bien joyeuses.

Tout a commencé par le voyage. Paris-Moscou par la route, 3 200 km environ, avec un van et un cheval. Le van était un trois places, indispensable pour transporter les aliments prévus pour un mois. Nous sommes en 1989. C'est-à-dire que je vais traverser dans cet équipage l'Allemagne de l'Ouest, l'ex-Allemagne de l'Est, la Pologne, la Biélorussie pour arriver dans ce qui est encore l'URSS. Je pars avec un coéquipier, Patrick, dont les connaissances en mécanique me seront précieuses. Trois jours et demi de voyage dont un tiers réservé aux douanes.

Ça a d'ailleurs commencé à la frontière franco-allemande : trois heures d'attente à Sarrebruck, pour faire tamponner le carnet de santé du cheval et faire agréer la liste de tout le matériel depuis le licol et le cure-pied jusqu'à la sellerie.

Nous n'étions pas au bout de nos peines. Le passage de l'Allemagne de l'Ouest à la RDA est digne des romans d'espionnage. C'était banal à l'époque, mais un sentiment d'oppression nous a saisis Patrick et moi. Ce sentiment qu'en franchissant la frontière on n'était pas sûrs de pouvoir revenir. Miradors, projecteurs, barbelés. Plus aucune couleur, tout est gris ou kaki à commencer par les uniformes des vopos, les policiers est-allemands qui vérifient méticuleusement tout notre chargement, jusqu'à passer des miroirs sous et sur le van et la voiture. La traversée de l'Allemagne de l'Est est éprouvante pour l'attelage : les autoroutes étaient faites de blocs de béton juxtaposés. Peu avant la frontière polonaise, nous nous rendons compte que les boulons lâchent. Notre anglais scolaire ne nous sert à rien : aucun douanier allemand ou polonais ne parle une autre langue que la sienne. Alors que nous sommes dans une situation mécanique précaire, nous devons subir des contrôles tatillons et des explications incompréhensibles. Impossible de rentrer en Pologne. Nous avons fini par comprendre qu'il fallait faire contrôler le cheval à 20 km du poste de douane, dans un abattoir polonais, où officiait le vétérinaire de la région. Naturellement, nous n'avons aucune idée de l'endroit où ce trouve cet abattoir. Tout ce que nous arrivons à comprendre c'est qu'il faut prendre la première route à gauche. Et nous tombons sur un chemin composé de blocs de ciment mal ajustés sur lequel nous roulons au pas, l'attelage brinquebalant de plus en plus. Il nous a fallu près de deux heures pour y arriver et apprendre finalement que le vétérinaire n'était pas là pour tamponner le papier. Nous profitons de l'attente obligatoire pour faire réparer l'attelage. C'est Patrick qui s'en charge avec l'aide du gardien. Pendant ce temps je promène Buffalo qui avait deux jours de voyage éprouvant dans les jambes. Une petite balade en forêt polonaise nous a fait le plus grand bien. Je crois que les promeneurs polonais que j'ai croisés, habillé en tenue de ville, juché sur une selle portugaise, n'en sont pas encore revenus.

Trois heures plus tard nous reprenons la route, avec un souci : faire de l'essence. Les stations-service sont inexistantes. Dès que nous voyons l'indication d'un village nous nous déroutons. Notre entrée fait sensation, les enfants se précipitent, nous leur offrons des bonbons et ils nous amènent à la station-service… qui était à sec. Nous nous faisons aborder par un homme jeune qui nous propose de l'essence. Mais le pompiste ne semble pas d'accord. Les deux hommes haussent le ton. La situation nous semble malsaine et nous prenons la tangente. Quelques kilomètres plus loin, le jeune Polonais nous rattrape avec deux bidons de gasoil. D'une façon générale, nous n'étions pas tranquilles depuis notre entrée dans l'Est : nous étions trop riches et trop voyants. Nos affaires étaient trop tentantes. D'où notre prudence et notre vigilance. Surtout quand en plus nous commettons un délit en siphonnant du gasoil dans le réservoir d'un poids lourd. Nous étions trop en retard pour attendre l'ouverture des stations-service. Système D obligatoire.

Les difficultés administratives se poursuivent à la frontière russo-polonaise où nous arrivons au début d'un après-midi. Les lieux sont impressionnants : nous sommes invités à stationner sur un gigantesque parking au bout duquel se dresse un immeuble de bureaux – genre tour de contrôle. Innocemment nous sortons du 4 x 4 pour nous présenter et montrer nos papiers. Un ordre sec nous fait réintégrer notre véhicule.

Et l'attente commence. Vingt minutes sans aucun signe de vie. Finalement un douanier nous demande de le suivre jusque dans les bureaux en laissant la voiture et le van là où ils étaient garés. Il a fallu tout réexpliquer depuis le début : le théâtre, la tournée, Patrice Chéreau, l'association culturelle franco-russe qui organisait le séjour, le tout dans un anglais incertain mâtiné de russe. Après ces palabres, nous entrons dans le vif du sujet : le racket de l'état. D'accord pour passer mais il fallait payer tout de suite tout le gasoil nécessaire à notre voyage jusqu'à Moscou. Y compris le retour. Alors que j'ignorais tout de mon programme moscovite, à commencer par le lieu de mon hébergement et de celui du cheval et que je ne voulais pas du tout engloutir en essence les quelques marks que je possédais. D'autant plus que je savais qu'on pouvait troquer avantageusement du whisky contre du carburant.

Finalement nous arrivons à nous extraire de ces bureaux à la fin de l'après-midi, nous réintégrons notre voiture et nous faisons cinquante mètres quand un autre douanier nous arrête de nouveau pour inspecter l'attelage. On entrouvre la porte avant du van pour laisser Buffalo prendre l'air. Mais le douanier, toujours pas satisfait, exige que nous démontions tous les boulons qui fixent les panneaux du van pour vérifier que nous ne transportons pas dans les cloisons de la marchandise prohibée. Refus de notre part. L'affaire s'est réglée rapidement grâce à Buffalo qui a mordu le doigt du douanier lequel, furieux, a claqué la porte et nous a fait signe de dégager.

Aux abords de Minsk, les policiers nous arrêtent sur la route. Nous ne voulions pas donner d'argent. C'était un principe. D'autant plus intangible que personne ne voulait de nos marks. Alors d'accord pour le troc : cassettes audio et dentifrice contre le droit de passer notre chemin. Mais ce sera plus chaud dans un restaurant glauque, genre cantine d'hôpital, murs verdâtres, néons au plafond, carrelage gris au sol. Nous avions suffisamment faim pour passer outre cette ambiance, mais au bout de quelques minutes l'atmosphère s'est alourdie. Trop de militaires au regard fixé sur nous. Nous avons pris la fuite sans nous attarder sur les explications.

À 300 km de Moscou, nouvelle arrestation, prétendument pour excès de vitesse. Nouvelles questions, nouvelles explications, nouveau troc. Et encore des heures perdues.

Dire qu'au départ, l'administrateur de la tournée m'avait juré que tout était organisé et que « nous avions un tapis rouge déroulé de Paris à Moscou » !

Moscou, justement, nous finissons par y arriver. En fait, nous avons la sensation de débarquer sur une autre planète, c'est l'écriture cyrillique qui donne cette impression. Impossible de se repérer dans la métropole. Nous avions des noms, ceux du théâtre, par exemple et de l'hôtel… mais écrits en français. Autant dire inutilisables pour demander notre chemin. C'est un chauffeur de taxi qui a finalement compris le nom de l'hôtel en échange d'un paquet de cigarettes. Reste à loger le cheval. Ce qui est chose faite dans le complexe équestre de Moscou, où toutes les disciplines équestres sont réunies dans des installations complètes : manèges, carrières, pistes d'entraînement, et même un hippodrome, le tout à 20 km du centre de la ville. Grand confort pour le pauvre cheval qui avait trois jours de voyage en van dans les jambes. Là il pouvait vraiment se reposer et surtout se coucher.

Le surlendemain, je reprends le travail dans une des carrières qui surplombent l'hippodrome. De l'autre côté, la carrière était longée par une forêt de bouleaux d'où surgissent trois cavaliers montés sur des selles de voltige.

Ils avaient entendu parler de mon arrivée, ils savaient que j'appartenais à la troupe de Luraschi, qu'ils connaissaient. Personne ne parle la langue de personne. Seul le plus jeune des trois baragouine un anglais incompréhensible. Le plus âgé, un homme d'une quarantaine d'années, ressemblait à un cosaque : la moustache noire à la Tarass Boulba, les yeux bridés, le teint mat, un cou de taureau, sillonné de grosses veines. Aussi fort que nerveux. C'est lui qui par signe me demande ce que sait faire mon cheval. Je commence par une demi-pirouette au galop, j'enchaîne sur une lançade. Il se rapproche de moi et couche son cheval. Je fais de même et nous nous serrons la main debout chacun ayant sa monture couchée à ses pieds. Qu'aurions-nous pu nous dire de plus ? Par la suite ces cascadeurs m'ont facilité la vie dans le complexe, m'ont présenté des gens du spectacle, et m'ont emmené dans leurs familles, là où la vodka coulait à flots.

À la veille de la première représentation, j'apprends que la grippe équine sévit dans la région. Les vétérinaires du complexe équestre menacent de mettre Buffalo en quarantaine. Ce qui veut dire que le cheval ne peut plus sortir de Russie alors que le spectacle doit être donné à Berlin-Ouest quelques jours plus tard. Il me faut donc impérativement sortir le cheval et lui trouver une autre écurie. Après plusieurs tentatives infructueuses à la garde nationale, et au Cirque de Moscou, – ce qui me prend une journée de démarches – je reviens au centre pour apprendre que l'interdiction de sortie prenait effet immédiatement. J'ai alors rassemblé mon matériel en toute hâte, j'ai fait monter Buffalo dans le van et je suis parti en priant le ciel que le gardien à la porte ne soit pas encore averti. Je me suis retrouvé dans les rues de Moscou sans point de chute pour le cheval. Il ne me restait qu'une seule solution : l'arrière-cour du théâtre. Un petit espace sinistre surplombé par des immeubles en réfection. Une ambiance de chantier avec des ruisseaux d'eau et de ciment mélangés, dans un bruit infernal. Je mets le van sur des cales et je le transforme en box. Buffalo peut au moins se coucher, mais il est exclu de le travailler ou même simplement de le détendre dans un tel endroit. Je suis donc obligé de l'emmener au moins une fois par jour dans un grand parc le long du fleuve, dont le seul inconvénient est qu'il est distant de plusieurs kilomètres. Ce qui suppose que je réattelle à chaque fois. Sans oublier que je manœuvre un van de trois places, donc très large, dans les petites rues du vieux Moscou qui environnent le théâtre.

Mais mes soucis ne s'arrêtent pas là : la cour est si imprégnée de poussière de ciment que je dois lustrer les quatre sabots et leurs plaques antidérapantes avant de rentrer dans le théâtre. Enfin, dernier détail, quand je suis dans les coulisses, avant d'attaquer ma rampe, je suis dans un espace si exigu et si bas que je suis obligé de me tordre le cou. Et cela pendant une vingtaine de minutes. Très pratique quand on doit quasi de pied ferme grimper une rampe au galop en demandant un effort brutal à un cheval qui n'a pas la moindre envie de répondre. Or je dois entrer en scène au galop. Patrice Chéreau y tient. Dans cet espace, je ne dispose que d'une ou deux foulées pour motiver Buffalo. Et je n'évoque même pas la chaleur dégagée par le cheval et moi derrière un épais rideau. En plus, je ruisselle sous mon masque de spectre en latex. Au risque de le décoller.

La fin de la tournée

À l'issue des cinq ou six représentations moscovites, toute la troupe repart vers l'Ouest. Et naturellement, je refais en sens inverse avec mon cheval et mon van le trajet vers l'Europe, mais cette fois-ci nous passons par Berlin puisqu'*Hamlet* doit y être joué. Le voyage de retour se passe plus facilement avec, quand même, une découverte que nous faisons Patrick et moi à la frontière russo-polonaise : les autorités n'ignorent rien de tout ce que nous avons fait et vu pendant notre séjour dans la capitale soviétique. En effet, au poste frontière, le temps de régler les affaires administratives nous sommes abordés par un officier de l'armée russe qui parle – c'est étrange car il n'y en avait aucun à l'aller – un français impeccable. La conversation, très chaleureuse, porte sur la musique et les chansons françaises, en particulier sur ce que j'aime. Mes goûts ne sont pas inconnus de l'officier, lequel d'ailleurs nous félicite pour les représentations et le succès que nous avons connu au théâtre Mkhat. Unc fois la frontière franchie, Patrick et moi décidons de fêter notre départ de l'Union soviétique en ouvrant une boîte de caviar et en débouchant un flacon de vodka, tant la liberté nous paraissait devoir être fêtée.

La traversée de la Pologne se passe dans une lumière splendide. Contraste total avec l'aller. Le pays nous semble souriant, dans une ambiance de fin d'été. La nostalgie est à chaque détour : scènes champêtres, carriole à cheval, travail dans les champs… La France telle qu'on pouvait l'imaginer avant la Seconde Guerre mondiale.

Notre arrivée à Berlin-Est nous fait l'effet d'une douche froide : nous y arrivons en fin de soirée. Des alignements d'immeubles délabrés, une lumière chichement dispensée par quelques lampadaires, même sur les avenues les plus fréquentées. Il n'y avait d'ailleurs que peu de passants.

Au Check Point Charlie, les vopos sont sinistres à souhait dans leur uniforme gris, leur kalachnikov en bandoulière. Nous nous arrêtons une fois de plus. Vérifications plus poussées qu'en Pologne, car la paranoïa des vopos est extrême à cette frontière avec l'Ouest. Les contrôles doivent en effet empêcher des Allemands de l'Est de passer à l'Ouest. Du coup notre immense van semble suspect au premier chef. Un des douaniers entreprend donc d'exercer son autorité avec tout le zèle qui justifie sa fonction. Nous nous résignons à une attente pénible, après 2 000 km faits d'une traite et alors qu'une mince ligne de démarcation nous sépare d'un bon steak-frites et d'une bonne bière.

Le douanier, rougeaud, épais, rasé de près, exige d'inspecter le van. Patrick et moi l'ouvrons et nous contemplons la montagne de crottin qui, son équilibre étant rompu, s'écrase sur les bottes impeccablement cirées du douanier rougeaud. Le hurlement ne se fait pas attendre, et nous comprenons immédiatement que nous devons déguerpir. Merci Buffalo…

Quand nous arrivons de l'autre côté après, dernière insolence, avoir élargi les chicanes afin de permettre au van de passer, la bière nous paraît délectable.

Nous finissons pas arriver à l'écurie proche du Stadthalle, le grand palais omnisports de Berlin, vers 2 heures du matin. Impossible de se faire ouvrir, le gardien, tout allemand de l'Ouest qu'il était, était aussi pénible que ses confrères de l'Est. Nous avons dû attendre l'ouverture des bureaux sur un parking, Patrick et moi dans la voiture et le cheval dans son van.

Le séjour à Berlin se passe très confortablement. La pièce rencontre son succès habituel. Mes conditions de travail son impeccables. Je n'aurais que des bons souvenirs de Berlin, si ma selle n'avait été volée quelques heures avant une représentation.

Dernière étape de cette tournée, Paris, la Cité des Sciences à La Villette. Tout le mois de décembre.

Rien de notable sauf un après-midi où je tombe en panne sur le boulevard périphérique, à la hauteur de la porte de Pantin. Le joint de culasse me lâche. J'ai bien entendu toujours le van et Buffalo derrière moi. J'arrive à sortir du périphérique et je me gare tant bien que mal dans une rue adjacente. Pas le temps de m'occuper de mécanique, je décide donc de gagner le théâtre à pied, avec mon cheval en main. Seule difficulté : Buffalo, le petit malin, ne portait pas de licol puisqu'il arrivait toujours à s'en débarrasser. Il n'avait qu'un simple collier autour du cou. Je commence donc ma promenade avec mon cheval en laisse en essayant un itinéraire moins fréquenté que les boulevards de Maréchaux et j'enfile une rue qui me paraissait faire un détour certes mais qui me semblait-il me rapprochait de La Villette. Mon raisonnement s'est révélé faux et j'ai donc été contraint de revenir à mon point de départ, avec un cheval qui, après ses deux kilomètres de marche, commençait à être détendu et donc prêt à faire l'imbécile. Ce qui n'a pas manqué quand, en approchant de la Cité des Sciences, j'ai eu face à moi des centaines de gamins qui en sortaient tous plus excités et tous plus braillards les uns que les autres. Je traverse cette marée à contresens après avoir bricolé ma longe façon caveçon. C'est dans cet appareil que je me présente au théâtre, très digne, mon cheval, la queue sur le dos, et moi avec ma petite mallette à outils qui me servait à installer les plaques en caoutchouc sous les fers. Les comédiens que je rencontre à ce moment-là me saluent fort poliment, pas du tout étonnés. Visiblement, je les avais habitués à me voir avec mon cheval dans toutes les situations.

À la dernière, moment d'émotion. C'est la première fois que je me fais applaudir. J'intervenais en effet dans la première partie de la pièce, si bien que je n'attendais jamais le final, je partais avant, ne serait-ce que pour m'occuper de Buffalo. Mais à cette dernière soirée, Patrice Chéreau m'a demandé de rester et j'ai beaucoup apprécié les applaudissements du public quand je suis venu saluer. *Hamlet*, ses costumes, son décor, et la troupe : le rideau tombait.

Vous devriez vous occuper de jeunes chevaux…

Le nez dans le magazine, je lis à voix haute, sans tenir compte du regard fatigué de ma sœur, le dernier article écrit par Michel Henriquet. Mon enthousiasme est tel, depuis plusieurs mois, que j'éprouve le besoin d'en faire part à mon entourage à tout propos et hors de propos.

Michel Henriquet m'intéresse en effet par sa manière de parler de l'équitation et des chevaux. Il m'intrigue quand il explique – par exemple – que l'équitation n'est pas naturelle. Depuis le temps que je mets mes fesses dans une selle, je ne m'étais jamais posé la question. Il me plaît quand il évoque le respect de l'intégrité physique et mentale du cheval. Cela touche une de mes vieilles préoccupations. Et son discours qui réhabilite la recherche d'une relation avec l'animal avant toute demande me séduit.

Je décide donc de le rencontrer et de devenir son élève.

À l'époque, Michel Henriquet était installé à Bailly, en région parisienne. Dans un espace relativement réduit, il avait réussi à faire construire une maison, une carrière, un manège et quelques box. Le tout dans une zone résidentielle. La carrière jouxtait la pelouse du voisin et la forêt de Marly commençait à sa porte.

Tout est soigné, la maison est jolie, le manège, petit, est décoré d'une manière originale, avec des miroirs, des silhouettes noires en bois découpé, inspirées des gravures du XVIIIe siècle, et des azulejos portugais. Dans la tribune, minuscule, était affiché le grand arbre généalogique des écuyers. Quelques caricatures de cavaliers d'hier et d'aujourd'hui mettaient une note d'humour, à côté de photos dédicacées de grands rejoneadors ou dresseurs portugais.

Ce qui me réjouit, c'est de voir à mon arrivée toutes ces têtes de chevaux ibériques qui sortent des box. Enfin une écurie sérieuse, qui pratique une équitation académique avec des chevaux de là-bas.

Les premiers contacts avec Michel Henriquet sont chaleureux. Je deviens tout de suite son élève. Et je me rendrai à Bailly une ou deux fois par semaine pendant quelque temps.

Michel Henriquet est un conteur né, ce qui ajoute à l'agrément de ces cours qu'il enrichit d'anecdotes historiques ou des récits de ses rencontres avec les maîtres, en particulier Nuno Oliveira.

« Pour une première séance, si je devais vous noter, je vous donnerai 16 sur 20… »

Sous le tunnel de Saint-Cloud, en rentrant chez moi, le roi n'est pas mon cousin. Je suis quasi béat. Quinze jours plus tard, sous le même tunnel de Saint-Cloud, je serai désespéré devant l'étendue de mon ignorance.

Quelques mois plus tard, l'état de mes finances ne me permet plus de payer les cours. Je propose donc à Michel Henriquet mes services à mi-temps comme palefrenier et stagiaire en paiement des cours.

Je prendrai très à cœur mon travail à l'écurie. Je ne voulais absolument pas que le moindre reproche puisse m'être adressé et nuise à la qualité de l'enseignement qui m'était donné. Jamais les treize chevaux n'ont été si bien brossés et les queues si bien démêlées. Il en fallait de l'énergie et de l'huile de coude pour amener au manège un cheval blanc qui tous les matins était jaune de crottin. Michel Henriquet m'en a félicité plus d'une fois et les propriétaires m'ont manifesté leur reconnaissance par de généreuses étrennes.

C'est dans le débourrage des poulains qu'apparaît le mieux et de façon la plus complète la philosophie de Michel Henriquet.

Un jour, il m'a associé au débourrage de l'un de ses poulains.

Ce n'était pas mon premier poulain. Au Haras du Pin, j'avais eu l'occasion à de nombreuses reprises, souvent à la demande des professeurs, d'en débourrer. À chaque fois, l'affaire se passait plutôt difficilement : il fallait avoir « de la colle au cul » pour rester en selle. Le jeune cheval explosait dans tous les sens.

Rien à voir avec la méthode utilisée par Henriquet. Tout se passait dans la douceur et le calme, et dans une très sage progression. Dans une lenteur qui n'était qu'apparente parce que, justement, comme l'animal ne se sentait jamais agressé, il coopérait en fait très vite. J'étais très heureux d'apprendre cette méthode qui m'a été très utile par la suite. J'y prenais un tel plaisir que Michel Henriquet me dit un jour : « Vous devriez vous installer et vous occuper de jeunes chevaux »...

La remarque n'est pas tombée dans l'oreille d'un sourd et l'idée a commencé à faire son chemin.

Michel Henriquet m'a permis d'approfondir l'équitation dite académique sur des chevaux ibériques. Avec des préoccupations plus liées à la « belle » position, celle des écuyers versaillais du XVIIIe siècle. François Robichon de

La Guérinière était et est toujours sa référence comme d'ailleurs celle de l'École de Vienne. D'où l'importance du caveçon, qui épargne la bouche du jeune cheval et permet un premier « dégrossissage » des aides.

J'ai eu l'occasion d'assister à des séances de travail à pied et j'ai eu la chance de croiser à Bailly de grands noms de l'équitation, comme Domecq, Tchaütcher, écuyer de l'école de Vienne et aussi… Lucien Gruss. Tant il est vrai que l'équitation classique ne connaît pas de frontières. Rencontres d'autant plus riches qu'elles étaient commentées par le propriétaire des lieux et qu'en plus elles me permettaient de voir en action, surtout dans le travail à pied, des hommes de chevaux de nationalité et de culture équestre très diverses, qui pourtant, du moins pour les plus grands, avaient tous, à mes yeux, un point commun. Une sensibilité et une présence, une manière d'associer fermeté, calme et détermination. Tous ils partageaient la même énergie. Au-delà des méthodes, des procédés, des techniques, c'est cette énergie, qui, pour moi, est la marque du dresseur. C'est chez Michel Henriquet que j'en ai pris conscience.

Cependant Mario Luraschi m'appelle pour un tournage qui dure plusieurs semaines et je suis contraint de mettre fin à ma collaboration avec Michel Henriquet.

Je retournerai le plus souvent possible à Bailly. Mais je commencerai à me poser des questions quand je constaterai que Michel Henriquet se passionne de plus en plus pour la compétition. Si les résultats obtenus aux Jeux olympiques de Barcelonne en 1992 avec Orphée sont intéressants et encourageants, pour la première sortie à ce niveau d'un cheval ibérique, je reste sceptique quand il commence à travailler des chevaux du Nord.

Voyage au Portugal

Un soir mon ami Yvan Frédric qui, à l'époque, n'était pas encore le peintre de chevaux qu'on connaît aujourd'hui, me présente un certain Eric, dans un restaurant indien. Le jeune homme est beau, élégant. Un séducteur visiblement. Si Yvan me le présente, c'est qu'Éric est un cavalier qui a tout pour m'intéresser : il vient de chez Jacques Papin, un instructeur installé dans la Loire-Atlantique, un ancien élève d'Oliveira qui avait dans son écurie deux des chevaux du maître portugais, Levante et Harpalo-Prince. Et Eric les avait montés. Autant dire qu'il avait eu l'occasion de ressentir des impressions équestres « spéciales ». D'ailleurs, on ne pouvait qu'en rêver de ces sensations puisque dès qu'Éric ouvrait la bouche son récit devenait de plus en plus nostalgique. Nous étions de plus en plus effondrés à l'idée de ne jamais ressentir de telles choses. Ce sentiment se fortifiait en même temps que baissait le niveau des bouteilles de vin.

Car cette époque fut riche en fêtes et en délires. Yvan, Eric et moi, nous fûmes pendant deux ans les Pieds Nickelés de l'équitation académique. Derrière l'un se profilaient toujours les deux autres.

À cheval, Eric avait l'une des plus belles positions que j'aie jamais vues. Aisance, élégance, droiture sans raideur, jambes descendues… Et puis sa connaissance, profonde, pensais-je, de l'équitation oliveriste ajoutait à son charisme.

Un beau jour, Yvan et moi, nous n'y tenons plus : nous devons aller voir cette équitation à sa source, au Portugal. Puisqu'Éric connaissait Oliveira, pouvait-il nous présenter ? Bien sûr, pas de problème. Nous prenons donc la décision un matin de partir sur-le-champ pour Lisbonne.

Et nous voilà embarqués vers minuit, après un dîner joyeux, dans la 504 Peugeot qui avait connu des jours meilleurs. L'ambiance est effervescente, nous nous sentons libres, sans attache ni compte à rendre. Dans la voiture nous mettons plein tube soit Miles Davis, soit Paco de Lucia, soit Gypsy King, soit Keith Jarret. En fait, nous partons en vacances.

Après un petit déjeuner à Biarritz, nous nous présentons à la frontière espagnole où Yvan se rend compte qu'il n'a pas ses papiers. Un peu plus et nous ne passions pas. Quelques palabres plus loin, c'est l'arrivée au Portugal. La 504 crachote ses derniers boulons pour mourir au pied de l'église de Guarda illuminée par des bûchers de Noël. Des troncs entiers sont brûlés cette nuit-là dans ce village, breton par son granit et ses ardoises et mexicain par ses maisons colorées, aux façades moulurées et aux balcons en fer forgé.

Les quelques jours que nous passons ensuite à Lisbonne nous permettent de repérer les éleveurs qui nous intéressaient. Nous avons fait connaissance avec Manuel George de Oliveira, qui nous a chaleureusement accueillis, et conseillés. Grâce à lui nous avons pu rencontrer Luis Valencia, l'élevage Pallha, et nous avons pu aussi visiter l'écurie nationale des Alter Real près de Santarem. Je me retrouve plongé dans une atmosphère « rétro » : à cette époque au Portugal, les gens vivent encore avec les chevaux. À Cartaxo, par exemple, ce monsieur bien mis qui passe en calèche est le médecin de la ville. Les éleveurs que nous rencontrons sont des mythes vivants, héritiers d'une longue lignée. Ils maîtrisent toute la chaîne : ils sélectionnent les étalons et les juments, ils élèvent les poulains, les débourrent, les testent pour définir leurs possibilités, soit cheval de dressage, baroque ou sportif, soit cheval de tauromachie parce que brave et réactif.

Nous n'en oublions pas pour autant notre but premier du voyage : le maître Nuno Oliveira. Un matin donc nous partons pour la Quinta do Brejo, son écurie près de Mafra. Au fur et à mesure que nous nous rapprochons, Eric semble de plus en plus tourmenté et mal à l'aise. À quelques kilomètres de notre destination, il nous demande de nous arrêter afin de prendre le petit déjeuner. Et il finit par nous avouer qu'il ne connaît pas Nuno Oliveira, qu'il ne l'a jamais rencontré et qu'il n'est pas en mesure de nous introduire... Si je prends l'aveu avec une certaine philosophie, je crois finalement que je m'en moque, la tête d'Yvan me prouve immédiatement que lui est furieux. Après des mois et des mois de rêve, Yvan se sent floué.

Qu'à cela ne tienne, au point où nous en étions, nous continuons et nous nous présentons chez Oliveira. La maison est en bas d'une petite colline. De là, un raidillon monte au manège, puis, encore plus haut à la carrière. Pendant cette période de Noël, plusieurs élèves sont en stage. Nous entrons donc dans le manège pour assister à un cours.

Le manège rectangulaire est assez petit. Le maître est affalé dans un coin, derrière le pare-bottes. Il dort. En tout cas, il a les yeux fermés, et de temps en temps lâche un « bien » à demi grommelé. Je suis moi-même à moitié endormi, la tête serrée par une migraine infernale consécutive à une soirée quelque peu arrosée… Bref, je ne suis pas très présent.

Surtout que la séance semble singulièrement soporifique : il ne se passe rien. Les quelques élèves qui sont à cheval ne me sont pas inconnus : certains d'entre eux montent régulièrement chez Michel Henriquet. Au bout d'une heure, une autre leçon se déroule sur la carrière, que le maître atteint péniblement.

Nous ne le verrons pas à cheval, et nous repartirons comme nous sommes venus, plutôt déçus. Nuno Oliveira meurt trois semaines plus tard et je ne connaîtrai cet homme exceptionnel que par de précieuses vidéos ou des récits de ses élèves. Et par ses livres, bien sûr…

Le voyage de retour se fait dans la même exaltation, juste atténuée par l'épuisement. Mais notre optimisme est intact car nous sommes décidés à monter une écurie. Avec nos chevaux, dans nos murs. D'ailleurs, chez Manuel George de Oliveira nous avons eu l'occasion tous les trois de monter un magnifique bai brun qui n'avait qu'un seul défaut : son prix, une centaine de milliers de francs de l'époque dont nous n'avions bien sûr pas le premier centime. Ce qui ne nous a pas empêchés tout au long de la route vers Paris d'imaginer les mille et une façons de financer cet achat qui devait nous permettre de démarrer avec un vrai cheval de tête. Le crachin de l'Ile-de-France nous a vite dégrisés.

Deux ou trois semaines plus tard, Yvan, par hasard, trouve un lieu étonnant, à Us, un petit village du Vexin : un manège rond superbe, en pierre, peint à fresque, avec une charpente en bois d'une grande complexité, soutenue par un seul pilier cylindrique en pierre de taille. Sur les murs, à côté de la petite tribune, en lettres à l'anglaise, était inscrite la liste de tous les grands écuyers depuis La Guérinière. Quatre personnages étaient dessinés, tout autour. Un mousquetaire, qui exécutait une cabriole, un cavalier en haut-de-forme, une amazone, et un quatrième en chapeau melon. Les dessins, de grande taille, étaient tous d'une seule teinte, lie-de-vin un peu passée. Le trait était un peu maladroit et naïf mais plein de mouvement et de poésie. Même si les proportions et les perspectives étaient fausses, l'écharpe nouée autour du chapeau de l'amazone volait au vent... Mais ce qui laissait tous les visiteurs muets, le nez en l'air, c'était la charpente. Une œuvre de cathédrale, faite d'entrecroisements et d'arbalétriers. En entrant par de grandes fenêtres, la lumière, jouant sur les pleins et déliés du bois, donnait au visiteur l'impression d'une roue kaléidoscopique. Tout autour, à l'extérieur, à bonne hauteur, des têtes d'animaux sculptées rythmaient la façade. En fait, cet endroit servait autrefois de rendez-vous de chasse. Le manège était relié à l'écurie par une cour pavée surmontée d'une marquise. Les boxes étaient en chêne ancien avec des décorations en fonte moulée.

Tout était beau mais vétuste, abandonné depuis longtemps. Le manège depuis des années servait de remise aux ouvriers du château. Tas de gravats, débris de toutes sortes, vieilles mécaniques rouillées...

De la cour pavée, la vue était splendide : l'ensemble en effet surplombait un vallon, travaillé comme un parc à l'anglaise. Diverses essences délimitaient une prairie qui descendait vers un cours d'eau. En arrière-plan, le reste du parc déployait ses fastes, surtout en automne. Plus loin encore, le château, peu visible, ressemblait à une pâtisserie en sucre glace, digne de la demeure de Blanche-Neige, avec tourelles, clochetons et multiples fioritures.

Quand nous découvrons ce lieu, à quelque 50 km de Paris, nous sommes bouche bée. Je ressens immédiatement que ce manège est un petit théâtre dédié au cheval.

La flexion de mâchoire

Notre association se rompt au bout de quelques mois. Éric, Yvan et moi-même avions des objectifs trop différents pour continuer à travailler ensemble.

Je me retrouve donc à la tête d'un manège et d'une écurie qu'il me faut faire vivre. Cela fait réfléchir : est-ce que j'entre dans une logique d'écurie, de boxes à remplir, de propriétaires à trouver et de chevaux à travailler ? Alors que si je m'en sens capable dans le domaine équestre, je ne suis pas sûr de l'être sur le plan commercial. Sans compter mes tournages, et mes spectacles qui m'obligent à embaucher un palefrenier pour assurer l'entretien des locaux quand je ne suis pas là.

Ces questions, je me les pose pendant les trois mois d'hiver où je m'enferme dans mon manège. Au printemps, tout naturellement, un premier propriétaire, puis un second frappent à ma porte. Le bouche à oreille fait le reste.

À cette époque, mon souci était de tout reprendre de zéro avec mes chevaux. Je veux marier mes mouvements avec ceux des chevaux. Je le faisais jusqu'à présent évidemment. Mais ce que je veux, c'est le contrôle total. Le centaure.

J'ai rapidement compris qu'il me fallait travailler sur moi-même en dehors du cheval. Le yoga, qui enseigne à respirer, m'attire parce qu'il influence la qualité du mouvement. Le souffle permet, quand il est contrôlé, d'acquérir lenteur, endurance, et puissance. Si je le comprends nettement à ce moment-là, c'est parce qu'une nuit je me suis réellement senti respirer.

Après tout une période de tensions professionnelles, relationnelles, et affectives, qui s'étaient tant et si bien accumulées que j'en avais plein le dos, une nuit, j'ai senti toute ma colonne vertébrale se relâcher et mon souffle descendre. Ce fut pour moi la première révélation et le point de départ de cette recherche sur moi. J'étais convaincu qu'en explorant cette voie, je ne pourrais qu'en bénéficier à cheval. En fait, pour le dire simplement, je pars à la recherche de l'Equilibre.

Non seulement je réapprends en quelque sorte à monter à cheval, mais je me replonge dans tous les ouvrages des anciens maîtres. Steinbrecht, Raabe, Licart, Oliveira et Beudant.

Rapidement, je constate l'efficacité de ce travail, mais tout aussi rapidement, je découvre ce qui me manque : la flexion de mâchoire, tant vantée par Beudant. Cette technique permet de décontracter un cheval qui est tendu ou à l'inverse de le tendre s'il est un peu trop mou. Là, je bloque parce que je ne veux pas me lancer tout seul. Je suis trop respectueux du savoir des Anciens pour me l'approprier avec insouciance.

De temps en temps, je mets le nez hors de mon manège et je me rends dans d'autres écuries. Pour voir ce que font certains. Et un jour dans une de ces écuries, j'observe un cavalier qui exécute un travail rigoureux, et apparemment satisfaisant. Avec, seul bémol, une sorte de raideur. Dans la tribune, je ne peux m'empêcher de commenter à mi-voix, pour moi-même, ce que je vois. « Il manque la flexion de mâchoire… »

Je ne suis pas seul. Derrière moi, quelqu'un tique en m'entendant. « Ah bon… » dit le quidam en levant un sourcil. Il s'appelle Gérard et notre rapide échange se poursuit jusqu'au déjeuner dans un restaurant.

Gérard est dentiste. Sa connaissance des chevaux s'explique par sa passion, pas par son métier. Il a travaillé, m'explique-t-il, avec René Baccarach, dont il fut un des derniers élèves, avec Nuno Oliveira et le commandant Padirac. Je lui raconte bien sûr mes récentes expériences et mon désir d'explorer cette mystérieuse flexion de mâchoire. Quinze jours plus tard, Gérard est dans mon manège et commence sa démonstration sur un selle français, Ulysse.

En quelques séances, la technique est démontrée et enseignée. J'entre dans le temple de Baucher.

Le parallélisme entre le travail du cheval « bauchérisé » et le yoga est frappant. Dans l'un et l'autre cas, il faut avoir le souci de l'équilibre, des mouvements lentement exécutés, décomposés à l'infini. Aucune précipitation n'est tolérée. Tout doit être fait consciemment. C'est aussi nouveau pour l'homme que pour le cheval. Car l'animal va lui aussi prendre conscience de son propre fonctionnement. Pour que ce soit possible, il faut que le travail se déroule dans un climat calme et serein. Quand il est fait jour après jour, pendant plusieurs mois, une sorte d'intimité très particulière se crée avec les chevaux.

Il m'est arrivé, certains matins, de faire mes exercices de respiration et d'élongation dans l'écurie. Les six chevaux me regardaient à travers les barreaux de leur box. Si bien que, parfois, après m'avoir bien observé, les uns après les autres, les six chevaux se redressaient et s'étiraient en enroulant leur encolure, en tirant leur nuque vers le haut. Ils étendaient ensuite leurs antérieurs vers l'avant comme pour faire un campo, en abaissant au maximum leur avant-main. Ils arrondissaient ensuite leur dos comme font les chats et terminaient par l'extension de chaque postérieur. C'était leur « salutation au soleil ». En fait, ce travail de gymnastique leur était devenu familier et ils l'exécutaient pour eux-mêmes. Les animaux savent parfaitement eux aussi ce qui favorise leur bien-être.

Ce travail constant sur moi-même, ma recherche continuelle de l'attitude juste se retrouvent à tout instant de la journée dans les gestes les plus simples. Quand je paille, que je mets un licol, tout est empreint d'une conscience qui finit par créer un climat, une bulle précieuse et détachée du dehors.

La relation avec les chevaux peut, dans ce cas, aller très loin. Je me souviens d'Amadeus, un pur-sang arabe raté au débourrage. Son anxiété était telle qu'il se mordait les flancs jusqu'au sang. Dès les premiers jours, je commence dans son box, à pied, les flexions de mâchoires et d'encolure. Et Amadeus rencontre, pour la première fois depuis longtemps, un humain qui lui parle le langage de la détente, de la décontraction. Une fois la confiance ainsi établie, le reste suit. Par exemple, Amadeus apprendra à expirer simplement parce que j'expire à côté de lui. Et le fait de pouvoir vider ses poumons complètement, rite qu'il prendra l'habitude d'exécuter au début de chaque séance, lui permettra d'expulser ses tensions et ses angoisses. En quelques mois, Amadeus, toujours délicat, est devenu un cheval rond, solide, prêt à renouer une nouvelle relation avec les hommes. On peut toujours critiquer ou discuter tel ou tel point de la doctrine de

François Baucher. Mais ce qui, de mon point de vue, n'est pas discutable, c'est sa philosophie : « Tant vaut l'homme, tant vaut le moyen... »

La cascade

Et c'est vrai quel que soit l'animal. Car cette méthode, je ne l'ai plus lâchée, même sur les plateaux de tournage. En douce, sans vraiment travailler, plutôt par le biais de la récréation, en grappillant, j'appliquais les enseignements de Baucher.

C'est comme cela qu'un demi-trait suisse lymphatique devient en trois semaines, week-end non compris, un cheval réveillé, maniable, qui exécute sans coup férir demi-pirouette au galop et changement de pied. Le tout avec des naseaux grands ouverts et l'œil vif.

Figaro appartenait aux écuries d'attelage de cinéma Hardy. Le tournage de la scène de chasse à courre de *La Reine Margot* se passait dans la forêt de Rambouillet. Pendant trois semaines, Figaro et moi avons galopé dans toute la forêt, dans les descentes, les montées. Nous avons évité ensemble les sangliers, faux, gonflables et vrais… Pendant les longs moments d'attente ou bien quand je me rendais du camion au plateau de tournage, j'esquissais hanches en dedans, épaules en dedans, arrêts, flexions… Jusqu'à ce que le cheval s'échauffe et s'équilibre. Ces exercices duraient quelques minutes, le temps de quelques foulées.

Figaro s'était si bien pris au jeu, qu'au bout de trois semaines, il ne tirait plus. Il préférait le petit galop, bien rassemblé, bien assis. Ennuyeux pour un cheval de trait !

La force de cette méthode, bien sûr, c'est qu'elle s'applique quel que soit l'animal et quelle que soit la situation. Avec Figaro, je n'étais pas dans un manège, au calme, et concentré. Le travail du cheval en extérieur suppose de faire avec des sols irréguliers, du bruit et toute sorte d'agitations.

C'est pendant ce film que m'arrive aux oreilles la rumeur : une belle cascade se prépare. Mario Luraschi aurait négocié avec Bertrand Tavernier une prestation dans son futur film, *La Fille de d'Artagnan*. Selon la rumeur, il s'agissait de trois cavaliers qui devaient sauter en même temps dans un bateau amarré le long d'un ponton de bois.

Jusqu'à présent, j'avais toujours attendu que Mario me propose le travail. Mais cette cascade-là, je voulais vraiment la faire. Ce n'était pas une cascade de cascadeur, mais de cavalier. Il fallait pouvoir sauter, avoir donc une certaine technique d'autant plus que la réception se faisait dans des conditions hasardeuses. Le saut devait être franc, énergique mais en plus il devait s'arrêter net sinon tout le monde passait par-dessus bord. En outre, nous dégainions dès la réception pour amorcer une bataille avec des marins. J'ai donc expliqué à Mario que j'étais l'homme qui lui convenait. Il l'a admis.

Nous avons commencé les préparatifs environ un mois avant le tournage proprement dit. Dans un premier temps, il fallait apprendre aux chevaux de Mario à sauter. Nous les entraînions dans son manège puis dans sa carrière. Et enfin en forêt, où nous profitions des fossés larges et emplis d'eau pour les exercer au saut en longueur. Le travail se faisait individuellement, puis à deux Mario et moi.

Arrive enfin le jour du tournage, à Sarlat, dans le Périgord. Premier contretemps, la météo exécrable interdit de filmer. Tout est donc reporté. Jour après jour, nous nous préparions pour apprendre que la cascade était annulée. Cela a duré deux mois et demi. Entre-temps, nous sommes tous repartis chez nous pour les fêtes de fin d'année. Finalement en janvier, nous reprenons les répétitions et pas de chance, mon cheval se blesse sérieusement au paturon. Mario m'en trouve un autre en vingt-quatre heures. C'est un cheval de CSO, il sait donc sauter mais évidemment, il ne l'a jamais fait dans ces conditions.

La cascade se fera le dernier jour du tournage. Ce sera même le dernier plan filmé. Tout le monde est prêt à plier ses gaules, le metteur en scène a épuisé ses capacités de patience. De toute façon, il n'a aucune idée de la difficulté de ce qu'il nous demande. L'ambiance est donc parfaite.

Au fur et à mesure que monte la tension, l'esprit d'équipe qui lie les trois cavaliers diminue. Avec comme première conséquence d'aggraver la difficulté de mon travail. Vu du bateau, j'étais placé à l'extrême droite, coincé entre mon partenaire du milieu et la passerelle qui était relevée puisque le bateau était censé appareiller. Il était donc impératif que chacun garde sa trajectoire et son rythme. Si mon voisin dévie un tant soit peu et me ferme le passage, d'abord, je ne peux plus préparer mon saut et ensuite je risque de tomber entre le bateau et le quai. Or, sous l'effet du stress, dès la première prise, mon partenaire subit un refus et s'arrête pile au moment du saut. Heureusement que j'étais à ma place car on voit sur le film, fait par un ami, mon cheval s'arrêter net lui aussi, les genoux fléchis, et le nez dans le vide. Un peu plus et nous plongions. Ce raté a eu le don d'agacer Bertrand Tavernier et pas seulement lui. Souverainement exaspéré, il nous accorde royalement une deuxième prise. Lui qui en tolère des dizaines pour un comédien qui ânonne quelques mots. Par bonheur, cette deuxième fut la bonne.

Cette cascade, qui m'avait tant fait rêver, que j'avais si fortement désirée, m'a laissé au cœur beaucoup d'amertume.

L'écurie

Depuis deux ans, au fil des mois, les boxes de mon écurie se remplissaient. Par le bouche à oreille, de plus en plus de propriétaires me confiaient leurs chevaux. Il m'est arrivé d'en loger jusqu'à dix-sept, alors qu'en fait je n'avais à ma disposition que quinze boxes. J'étais alors obligé d'improviser une stalle dans un coin de l'écurie et même, parfois, de demander un box à ma voisine. Chaque cheval était travaillé selon la même méthode, en tenant compte bien sûr, des tempéraments des uns et des autres. Souvent, les propriétaires venaient chez moi après avoir essayé toutes les autres solutions. C'est comme cela que je voyais arriver des « délinquants », plutôt des incompris. À chaque fois, je reprenais les principes fondamentaux de Baucher et à chaque fois j'obtenais des résultats satisfaisants.

Au point que des propriétaires pouvaient partir en promenade tranquillement avec des montures qui quelques mois plus tôt leur montraient les dents quand ils entraient dans les boxes ou les vidaient systématiquement.

Tang, par exemple. Un selle français puissant, avec de bonnes origines. Rétif : il basculait la nuque, il passait sa langue sur le mors et se mettait debout. En plus il renâclait.

Le cheval pouvait se mettre dans des colères terribles : un jour, en liberté dans le manège, il a tué un pigeon d'un coup d'antérieur. Un vrai dossier, d'autant plus qu'il appartenait à un propriétaire pas débutant, mais presque. C'était le boulanger d'Us : un homme charmant, toujours souriant, bedonnant, ce qui en disait long sur la succulence de ses croissants, mais rien sur ses capacités équestres. Il avait une qualité : il ne se posait aucune question et n'hésitait pas à enfourcher sa monture toute rétive qu'elle fût.

Tang était au pré. Le boulanger, après avoir observé mon travail dans l'écurie, m'a demandé de m'en occuper une fois par semaine. J'ai donc décidé de reprendre le cheval à pied et à la longe. D'une semaine à l'autre, le cheval changeait : son encolure s'allongeait, et se dessinait. Il s'arrondissait, en main mieux même que monté. En fait, Tang se réappropriait et réutilisait au pré les muscles que je sollicitais et réveillais pendant la séance de gymnastique hebdomadaire. À la fin de l'été, le cheval est rentré dans l'écurie et le propriétaire me l'a confié pour un travail complet. Cela a duré deux ou trois ans, jusqu'à ce qu'il déménage en Normandie. Quelques années plus tard, le boulanger m'a expliqué à quel point Tang était devenu agréable : en allant au pré le chercher, avec un simple licol, il obtenait sans peine un trot bien cadencé quasi sur place.

Autre exemple de la force de l'enseignement de Baucher, Branle-bas. Selle français avec des origines pur-sang, 1,73 m au garrot, bai. Son principal problème : il était amoureux de l'homme, donc parfaitement irrespectueux. Il avait été nourri au biberon : il vous prenait pour un copain. Un cheval qui vous mordille par affection, vous fait très mal. Encore pire s'il vous pose, toujours affectueusement ses antérieurs sur vos épaules.

Branle-bas avait fait du concours complet pour lequel il avait certaines dispositions et un peu de CSO. D'ailleurs, à cette époque, un cavalier d'obstacle le montait régulièrement à Maisons-Laffitte, avec beaucoup de difficultés. Quant à sa propriétaire, elle pouvait tout juste l'approcher. Elle m'avait avoué, sans entrer dans les détails, qu'elle ne pouvait pas le détendre correctement en longe parce qu'il était toujours debout.

Première séance de travail : quand j'entre dans le manège, j'ai le réflexe de m'esquiver et de m'effacer avec prestesse. Sinon, j'étais aplati, les bras en croix, à la Tex Avery. Son irrespect était tel qu'il vous marchait dessus. Ce jour-là, il a appris la différence entre un de ses congénères et un homme. Dans une colère froide, je lui ai mis le diable au cul, à le faire grimper le long des murs du manège. Ensuite, je lui ai appris le respect de la main, toujours en longe. Au bout d'un certain temps, après l'avoir remué dans tous les sens, lui avoir fait tout bouger, des hanches à la tête, avec une chambrière bien dosée, je l'ai arrêté sur la piste, je me suis avancé vers lui et je lui ai marché sur les sabots. Il a alors reculé avec la même rapidité que j'avais mise à l'esquiver à l'entrée du manège. Il m'a regardé avec attention pour la première fois. Je sentais nettement qu'il était en train d'apprendre quelque chose de totalement nouveau. En eau, frémissant, il est reparti dans son box, toujours en main, en marchant à sa place, respectueusement. Le cheval était partagé entre l'incompréhension et la curiosité.

C'est à ce moment-là que je remarque une irrégularité des postérieurs. Plus exactement la rotule ne fonctionne pas correctement : le postérieur donnait l'impression de se décrocher. J'en discute avec le vétérinaire qui m'explique que le cheval a une fragilité dans ses ligaments, peut-être trop lâches. Dans ces conditions, il est exclu d'obliger l'animal à développer des allures trop larges. Pendant trois jours, je vais travailler à pied à l'arrêt. Je lui apprends à transférer son poids d'avant en arrière de façon à renforcer la flexion de ses articulations postérieures. Il s'agit d'une rééducation, ce qui suppose nuance, progressivité et décontraction.

Au bout de trois jours, dans son box, le cheval est d'aplomb.

Alors je continue, toujours à pied, mais cette fois-ci au pas raccourci et au petit trot. Il me faut continuer à m'adresser à sa tête, toujours bien vérifier qu'il a compris la première leçon, tout en contrôlant la locomotion des postérieurs. En fait, je m'adresse à un animal provisoirement handicapé et caractériel. Double rééducation.

Une semaine plus tard, le problème est résolu et je monte dessus. Trois mois plus tard, Branle-bas est en main aux trois allures, fait de vrais appuyers au pas, avec tout ce que cela comporte de flexions, de tensions et d'amplitude, se rassemble, se mobilise sur place, et devient mon partenaire.

À ce moment-là, le cheval reste délicat, mais il a appris à se situer par rapport à l'homme. Il est repris alors par sa propriétaire et je n'en entends plus parler. Jusqu'au jour, deux ans plus tard, où une amie, Nathalie Bizet, m'annonce qu'elle vient de s'acheter un cheval qui s'appelle Branle-bas. Elle le sort aujourd'hui en compétition en niveau C de dressage. Elle est mal voyante et elle a remporté plusieurs titres nationaux et internationaux handisports avec lui.

Charles

Lors d'une exhibition à Asnières-sur-Seine où je présente Atrevido en liberté et monté, le genre d'animation qui permet d'évaluer le travail en cours et de régler les numéros devant un public plutôt bienveillant, je gagne le respect total des gamins de la banlieue. Ils m'ont regardé au départ d'un œil un peu moqueur. Mais après avoir vu le cheval me suivre au pas espagnol, se coucher sur mon ordre, faire semblant de m'attaquer et arrêter net, toujours sur mon ordre, j'ai senti que j'avais gagné la partie. Surtout – clou du spectacle – quand je suis monté sur Atrevido que j'ai lancé dans un galop de charge avant de l'arrêter à moins d'un mètre des caïds les plus ricaneurs. Lesquels en sont restés cois.

C'est à ce moment que s'approche un gamin, Charles, treize ou quatorze ans. Il avait entendu parler de moi par des relations communes et souhaitait me rencontrer.

« Je suis passionné de chevaux. Est-ce que je peux venir te voir dans ton écurie et te regarder monter ? » Je n'y vois aucun inconvénient et donne mon accord.

C'était un jeune, pas bien épais, le visage ouvert et souriant. Un gosse assez fin, et assez discret. Il habitait la banlieue et venait à Us tous les week-ends. Au début, il montait une heure de temps en temps, en échange de deux jours de soins et de travail d'écurie. Par la suite, il vient le mercredi après-midi et devant cette ténacité, je m'y intéresse. Ce que j'apprécie surtout chez lui, c'est sa douceur. Elle me convient parce qu'elle respecte l'état d'esprit qui règne dans mon écurie. Je le mets donc de plus en plus souvent à cheval. Je ne lui donne pas de cours à proprement parler. Je préfère plutôt le faire monter après moi. Cet enseignement se fera davantage par la transmission des sensations que par des mots.

Petit à petit, Charles va s'installer dans l'écurie et va devenir mon assistant. Sa maturité – sans rapport avec son âge – m'encourage à lui confier les clés de la maison.

Agnès

En cette année 1994, Agnès et moi décidons de nous marier. J'avais fait sa connaissance à l'écurie, puisqu'elle en était l'une des premières propriétaires. À l'époque, elle travaillait surtout sous la direction d'Éric puisque j'étais très souvent absent, pris par les spectacles. Il lui avait vendu un cheval, Urano, un joli lusitanien de quatre ans gris fer. Et il ne l'avait pas amélioré, c'est le moins qu'on puisse dire. Au retour d'une tournée, je constate que des tares sont apparues aux jarrets, que le dos est creux, et qu'en fait le cheval ne se tient pas. Ce qui explique d'ailleurs pourquoi, excédé, l'animal passe son temps à se mettre debout. Encore un exemple de cheval trahi par l'homme : il a épuisé toute sa bonne volonté et il n'y croit plus. Alors qu'il peut rester un gentil cheval. Ainsi Urano était même comique à pied. Avec sa tête très expressive, il aurait pu connaître un succès sur les planches, dans un numéro en liberté. Je me souviens du jour où, en liberté dans le manège, il avait réussi en une heure de temps, à attraper dans la tribune le téléphone et le fauteuil hérité de ma grand-mère. Il les avait littéralement dépiautés et réduits en miettes. Simplement parce qu'il s'embêtait. Quand j'ai découvert le désastre, j'ai éclaté de rire devant la tête du délinquant : très fier de lui et même temps l'air totalement innocent.

Monté, il commençait à devenir dangereux. Ainsi, par deux fois, un matin, Agnès s'est fait jeter à terre violemment au montoir et pourtant elle n'avait rien d'une cavalière débutante, puisqu'elle avait été formée à l'école militaire de Saint-Germain-en-Laye. Urano enchaînait sauts de mouton et pointades. Je décide de le monter pour lui apprendre que tous les hommes ne se ressemblent pas. Et je subis, passivement, toutes ses défenses, tous ses sauts de moutons. Quelque peu déstabilisé, le cheval essaie de se mettre debout. À chaque fois, au moment où il est tout en haut, à la limite de se retourner, je lui caressais le toupet entre les oreilles et lui donnais un sucre. Je dois dire que le traitement fut radical, car le cheval ne savait plus quoi penser. En quelques jours, il s'était assagi mais restait peu fiable. Par chance, un cavalier, passionné de promenades, voulait absolument l'acheter. Nous nous sommes rapidement mis d'accord.

Agnès se retrouvait donc à pied. Je lui ai trouvé un gentil cheval qui lui a redonné confiance.

De propriétaire, Agnès est devenue une amie, puis ma compagne. Lorsque j'annonce à l'une de mes grandes sœurs, Odile, ma deuxième mère, que je suis tombé amoureux, qu'elle est parfaite mais qu'elle a déjà quatre enfants d'un premier mariage, mon aînée remarqua simplement : « Tu n'as qu'à lui en faire un cinquième ! » Je me suis senti autorisé à me passer la bague au doigt. Quand nous décidons de nous marier, nous imaginons une cérémonie qui mettrait le manège en valeur.

Le mariage

Après avoir nettoyé les murs et pioché le sol pour le mettre à niveau, nous fabriquons un plancher. Les ajustements ne sont pas faciles, car le manège est rond. Le tout fait deux cents mètres carrés environ. On a ensuite habillé les baies vitrées avec de grands rideaux de scène rouges. L'ambiance rappelait les théâtres italiens. Les éclairages qui partaient du sol léchaient la base des murs en faisant ressortir les tâches d'humidité dans un dégradé de vert, mettaient en valeur les fresques et se perdaient ensuite dans la charpente. La sono était installée dans la tribune.

Tout autour du manège étaient disposés des petits écrans de télévision qui permettaient à chacun de voir en direct les réjouissances. Nos préparatifs se faisaient bien sûr le soir, après la journée de travail. Nous dérangions les chauves-souris, d'autant plus que nous passions quasiment en boucle la musique du film *Dracula* de Francis Ford Coppola.

Pour accentuer encore l'aspect romantique des lieux, nous demandons à nos invités de se costumer XVIIe ou XVIIIe siècle. Agnès est en robe « bergère » du XVIIIe et moi en bottes mousquetaire, dans un costume créé pour l'occasion qui rappelait l'uniforme des officiers napoléoniens à brandebourgs dorés.

Mario Luraschi me prête un couple de chevaux blancs et l'écurie Hardy, qui apparaît dans presque tous les films dès qu'un attelage traverse l'écran, me prête une calèche.

Mario devait conduire les mariés après la signature à la mairie, mais il est en retard. Un ami cascadeur prend sa place. Au bout d'une centaine de mètres, Mario surgit de sa voiture, saute à la place du cocher, reprend les guides, et – chassez le naturel, il revient au galop – transforme une promenade romantique en course de char à la Ben Hur. Il rentre dans le manège à fond de train. L'attelage passe la porte de justesse : il n'y avait pas cinq centimètres de chaque côté des moyeux des roues de la calèche.

Pendant le vin d'honneur, mon frère me fait une surprise : il projette un montage de photos et de bouts de films qui retrace nos vies en parallèle à Agnès et à moi-même depuis la naissance jusqu'à ce jour.

Depuis de nombreuses années, mi-affection, mi-moquerie, les cascadeurs m'avaient surnommé La Guérinière. Leur cadeau de mariage fut *École de cavalerie* de La Guérinière dans une édition du XVIIIe. Il avait été décidé que le cadeau de mariage serait un voyage : chacun a donc déposé son écot.

Mais je ne partirai jamais en voyage de noce.

L'accident

Trois mois plus tard, un dimanche après-midi, Mario m'appelle. « Tu pars ce soir avec Chino et deux chevaux pour Genève. Je vous y retrouve demain. »

Nous roulons toute la nuit, arrivons en Suisse au petit matin, installons les chevaux dans leur écurie et prenons notre petit déjeuner à l'hôtel.

Un peu plus tard, Mario nous rejoint et nous explique le travail. « C'est censé se passer sur un terrain de polo, au cours d'un match. Tu feras un cabré-retourné », me dit-il. « Tournage mercredi et jeudi. »

Le cabré-retourné est une cascade classique et l'une des plus dangereuses. Si le cavalier ne réagit pas assez vite et ne s'éjecte pas au bon moment, le cheval peut retomber sur lui. Je ne l'ai encore jamais réalisée sur un tournage.

La journée de mardi se traîne entre l'hôtel et l'écurie. Pas de préparation, ni pour les chevaux ni pour les cavaliers. Pas de répétition. Pas de conseil technique, pas de consigne. Rien. Mario lit un livre sur l'empire romain. « Quelle belle époque », s'esclaffe-t-il de temps en temps : « d'un côté les empereurs et de l'autre les esclaves ».

Le lendemain, mercredi, des plans d'ensemble sont prévus avec de vrais joueurs de polo. Le terrain est filmé et Chino et moi faisons deux petits galops, pour des raisons techniques de raccord. Ce jour-là, je monte le cheval qui ne fera pas la cascade le lendemain. En fin d'après-midi, nous préparons l'endroit où sera tournée la scène. Nous y étendons une bonne couche de tourbe que nous dissimulons sous des plaques de gazon. Il ne s'agit pas que le cheval se fasse mal. Le soir, à l'apéritif, je m'étonne auprès de Chino : « Pourquoi Mario ne me fait-il pas essayer le cheval ? Avec les autres, il prépare quand même un peu plus le travail. » Chino hausse les épaules.

La journée du jeudi commence avec cette cascade. C'est le premier plan qui doit être filmé. Je passe d'abord à l'habillage, puis au maquillage. J'enfile une protection de hanche, une sorte de short dans lequel les pointes des hanches et le coccyx sont protégés par une coque en mousse.

J'arrive sur le terrain. Mario me transmet les souhaits du metteur en scène. « Il y a trois caméras. Ici, ici et ici. Tu arriveras par là, au petit trot. Tu dois te retrouver dans cet axe, face à cette caméra. »

La première prise est ratée car je suis surpris. Emilio, le cheval, ne réagit pas comme je m'y attends. Au lieu de se cabrer bien haut en montant sur ses postérieurs pour prendre son appel afin de se retourner franchement, il se cabre mollement, s'affaisse sur son arrière-train et se couche plus qu'il ne tombe en une sorte de roulé-boulé qui n'a rien à voir avec un vrai cabré-retourné. J'ai la sensation de monter un cheval mou, sans tonus.

La deuxième prise n'est pas meilleure. Je me pose des questions : pas assez de main ? trop de main ? pas assez de jambe ? trop de jambe ? pas assis à ma place sur le cheval ? Mario s'agace. « Tu veux que je la fasse », demande-t-il peu aimable. « Non, non, j'y retourne. »

La troisième prise est correcte. Sans plus. J'ai trouvé le cheval mais je sais qu'Emilio ne fera pas un cabré-retourné dans les règles de l'art. Il faudra se contenter de son roulé-boulé que je peux obtenir un peu plus dynamique et un peu plus spectaculaire.

La quatrième prise est satisfaisante. Et le metteur en scène propose de passer à la scène suivante.

Mais ça ne suffit pas à Mario : « Le cheval peut monter plus haut. On recommence. »

Pour la cinquième fois, je repars au petit trot, reviens à l'endroit prévu et lance Emilio dans son cabré.

Allongé à plat dos dans l'herbe, j'attends le fatidique « coupez » qui me permettra de me relever. Le cheval lui n'attend pas et commence à se redresser en regroupant ses membres. Il glisse alors son postérieur sous mon dos.

Je suis surpris. Sensation fugace d'un écoulement. Comme un tuyau d'eau pincé par le milieu qui se vide par le bas. Sensation fugitive à peine éprouvée, déjà enfuie. Mais je sais.

Denis Lefevre-Duprey, mon ami le musicien, m'en avait parlé à plusieurs reprises et avec suffisamment de précision : je suis touché à la moelle épinière.

« Relève-toi », dit Mario. Je n'y arrive pas. Il enlève mes bottes, me pince les cuisses. « C'est la plus belle prise, le cheval s'est vraiment cabré. » Respiration bloquée, le souffle coupé. J'ai pris un autobus dans l'estomac.

Les secours s'organisent. Je suis transporté par hélicoptère à l'hôpital cantonal de Genève. Sur ma civière, j'aperçois tout en bas les champs, la ville et ses rues. La journée est splendide, chaude et bleue.

À l'hôpital, je suis remisé dans une petite pièce où j'attends durant des heures interminables. En fait, deux autres accidentés sont arrivés en même temps que moi et, semble-t-il, ils ont plus de chance d'en réchapper. Je ne suis donc pas un cas urgent. Mais les piqûres commencent à faire leur effet et je me sens flotter.

Genève

J'attendrai trois jours avant d'être opéré. Quand la faculté prend son temps, ce n'est pas bon signe. Le message est clair : les lésions sont irréversibles, on n'est plus à trois jours près. Et pourtant, je me sens calme. Je ne suis pas superman mais simplement je suis incapable de me raconter des histoires. Je sais ce qui m'est arrivé. J'ai reconnu la sensation, je n'ai aucune illusion. Je sais que j'ai perdu l'usage de mes jambes.

Tout comme j'ai su à trois ans, que j'avais perdu mon père et à dix-sept que ma mère était morte. J'ai appris ce qu'irréversible veut dire. J'ai appris aussi qu'en pareils cas il n'y a aucune autre solution que de faire face à la réalité.

Allongé sur mon matelas à eau, l'esprit à demi-embrumé par la morphine, je me concentre contre la douleur. J'ai le droit de m'injecter de la morphine tous les quarts d'heure simplement en commandant l'ouverture d'un clapet qui fait descendre la drogue dans la seringue fichée dans mon bras. Je ne veux pas me laisser aller à cette facilité : j'ai trop peur de la dépendance. Je repousse donc de minute en minute l'absorption de ce dangereux et efficace bien-être. La chaleur est infernale en cet été 94. La température tourne autour des 40 °C et ma chambre est exposée plein sud. J'ai une grande baie vitrée sur ma gauche à travers laquelle je ne vois que le ciel et le soleil qui cogne.

C'est l'enfer. Je passe mes journées trempé de sueur. La nuit, pendant quelques heures, quand l'aube arrive, le peu de fraîcheur qui tombe me fait grelotter.

Et j'ai toujours cette sensation d'avoir pris un autobus dans le ventre.

À cela s'ajoute, après l'opération, une douleur aiguë, à tel point que j'ai constamment l'impression d'avoir un poignard enfoncé dans le dos. Le moindre mouvement est insupportable. Je ne peux même pas bouger un seul doigt de mes mains sans déclencher une onde de douleur.

C'est Agnès qui me fait manger.

Elle est bien sûr arrivée quelques heures après l'accident, avec deux de mes frères, François et Jean-Marie. Elle ne quitte pas mon chevet. Toujours souriante, et belle.

Sa présence me rassure, évidemment. Mais, ce sentiment se mêle à une angoisse : je lui ai fait un remarquable cadeau de noces…

Un matin, Jean-Marie m'apporte un baladeur et des CD de Bach, plus précisément les *Cantates*. Lorsque j'ai mis mes écouteurs sur les oreilles, j'ai été immédiatement happé. Je me suis retrouvé dans la musique, douché par elle, comme si j'entretenais une relation immédiate avec le compositeur. J'en ai éprouvé une telle joie que j'ai eu l'impression que l'essentiel était intact, que je n'étais pas détruit. C'était la première porte qui s'ouvrait depuis mon accident. Je resterai fidèle à cette musique et l'écouterai encore longtemps. Que cette joie me soit offerte par Jean-Marie n'est sans doute pas le fruit du hasard. Lui et moi avons toujours partagé la même passion pour la musique. Ce souvenir me reste encore aujourd'hui infiniment précieux... Même s'il a été exacerbé par la drogue.

Pendant les jours qui ont suivi l'opération, les médecins m'ont bien sûr fait subir quelques tests. Ils cherchaient à distinguer les zones encore sensibles des autres. Ce qui les a étonnés, c'est qu'ils pouvaient repérer une tension musculaire dans le bas des muscles abdominaux lorsqu'ils me faisaient tousser. Ce n'était pas « normal » au regard de la hauteur de ma lésion. S'ils restaient perplexes, moi je compris immédiatement que je disposais encore d'un atout : la respiration. J'avais suffisamment pratiqué le yoga pour savoir qu'il existe une respiration du ventre, que connaissent bien les chanteurs, et je n'en ignorais pas la puissance. J'ai tout suite pensé que je pouvais ressembler à un arbre, dense, immobile, profondément enraciné dans la terre. Que le mouvement resurgirait de cette immobilité végétale. Plus tard, je découvrirai que les pieds de mes chevaux seront mes racines. Je me sentirai debout sur terre grâce à eux.

L'amour de ma femme, la musique de Bach, la respiration : toutes les portes n'étaient pas fermées. J'avais encore des possibilités. Et parmi elles, la colère, qui ne m'a jamais quitté.

Elle a resurgi intacte un après-midi quand l'infirmière-chef m'a reproché de ne pas avoir changé de position, comme je devais le faire toutes les demi-heures. Je le faisais, très consciencieusement mais ce jour-là il y avait eu trop de visites.

« On ne sera pas toujours derrière vous pour vous surveiller. Faut être un peu autonome, M. Sachsé », me sermonne-t-elle en se penchant sur moi. Ma main a surgi et a empoigné le col de la blouse. Foudroyante. Alors que le moindre geste m'était impossible, j'ai trouvé la force – je ne sais toujours pas comment – de la soulever de terre, en lui hurlant les yeux dans les yeux qu'elle devait me ficher la paix.

Je suis chez l'esthéticienne quand un ami m'appelle. «Agnès, rentre tout de suite mais ne t'inquiète pas.» Me prévenir sans rien me dire : j'ai le temps de tout imaginer sur le trajet de retour. «Bernard a eu un accident. Appelle l'hôpital de Genève tout de suite.» Ce que je fais immédiatement. C'est ainsi que j'apprends le diagnostic : vertèbres fracturées, paralysie. Ce qui ne veut rien dire. On me passe mon mari. «Comment ça va ?» «Ça va. Mais ce n'est pas brillant. Tu viens quand ?» Son calme m'étonne.

Après avoir prévenu toute la famille, je prends le premier avion pour Genève, accompagnée de deux des frères de Bernard. À l'aéroport, j'ai pris le temps d'appeler aussi un ami chirurgien, pour lui demander de se renseigner auprès de ses confrères suisses. Et dès mon arrivée à Genève, je savais. L'ami en question ne m'avait épargné aucun détail : l'étendue de la fracture, les conséquences médicales et l'avenir qui nous attendait. Tableau terrifiant.

À notre arrivée à l'hôpital de Genève, nous sommes pris en charge par les médecins. Ils reprennent les explications médicales que je connais déjà. «Votre mari est très calme, madame.» Ils insistent. Sous-entendu : montrez-vous à la hauteur. «Puis-je voir mon mari ?» Il faudra que je le demande plusieurs fois. Ils reprendront leurs explications avant de se décider à me conduire à sa chambre.

Quand j'entre dans sa chambre, il m'accueille d'un sourire. Il m'attendait.

Les deux jours qui suivent illustreront parfaitement les mois suivants : une succession de montagnes russes. Il va s'en sortir me racontait la sympathique infirmière de nuit qui avait toujours un exemple de paralysé repartant de l'hôpital, son fauteuil roulant sous le bras. Il a une fracture en D10, ou en L1, m'expliquait doctement l'interne de service, pas d'accord avec le médecin-chef, ou l'inverse. Je ne savais pas si D10, c'était plus grave que L1. Mais dans le doute… il y avait peut-être de l'espoir.

Un matin, devant mon air perdu et ma recherche désespérée d'une information sûre, un médecin a entrepris de m'éclairer avec des schémas, des croquis et un squelette. À partir de ce moment-là, je savais. Mais, toujours bons apôtres, les médecins cherchaient par avance à me déculpabiliser. «Madame, les femmes qui se retrouvent dans votre situation divorcent. C'est normal. La situation est intenable et en plus votre mari va changer. Vous devez le savoir. Il ne sera plus le même. 80 % des femmes s'en vont.»

Votre mari est cassé en deux, pour le reste de sa vie, il est dans la chambre d'à côté, il vous attend, il n'a d'ailleurs plus personne d'autre que vous à attendre, mais vous allez bien sûr vous faire la malle… Si un dernier souci sur cette «normalité» vous taraude, le corps médical a une solution : «allez voir un psychologue, madame…» Conseil valable pour le mari aussi, d'ailleurs.

Le pouvoir médical, c'est aussi celui des infirmières, des surveillantes et autres cerbères qui vous interdisent l'accès de la chambre, parce que «les visites ne sont autorisées que de 14 à 20 heures». J'avais décidé une fois pour toutes que ce règlement ne me concernait pas. J'arrivais quand je voulais, je partais quand Bernard avait réussi à s'endormir. Personne n'a jamais cherché à m'interdire quoi que ce soit. Je me souviens encore de cette mère effondrée. Son fils venait d'avoir un grave accident de moto. Tétraplégique. Mais elle ne pouvait pas entrer dans sa chambre parce que ce n'était pas l'heure... Après mes conseils, elle n'a plus rencontré aucune difficulté...

Mon univers, ces jours-là, s'est rétréci à la dimension d'une chambre d'hôpital. Mais le monde extérieur continuait à s'agiter. Il y avait des papiers, des formalités, des hommes en costume-cravate, une production. Des intérêts. De l'argent.

Le cirque a commencé le soir même de mon arrivée. Rentrée à l'hôtel, recrue de fatigue et d'émotion, je suis tombée sur une réunion du staff de la production. « Ne vous inquiétez pas. Votre mari est assuré, comme n'importe quel balayeur qui nettoie le plateau. » Une précision qui n'avait aucun sens pour moi. Mario Luraschi me regarde et se rend compte de mon état. « Agnès, va te coucher. Je me charge de ces discussions. » Le lendemain, dans les couloirs de l'hôtel, la chanson a changé. Les hommes de loi, les responsables de la production veulent me faire signer un contrat de travail. Que Bernard n'avait pas signé. En allemand. Je refuse. Je retrouverai les vautours dans l'après-midi même, au chevet de Bernard. Lui aussi refuse de signer.

Les autres, parfois, vous tendent la main. Le couple qui tenait l'hôtel où j'étais logée n'a pas ménagé sa peine. Je ne pouvais rien avaler. Pas une miette de pain. Le gosier serré. Ils n'ont eu de cesse de me présenter mes plats favoris, des desserts spécialement cuisinés pour moi. Je ne touchais à rien, tout repartait en cuisine, sous l'œil désolé du maître d'hôtel. Ils ne m'ont jamais rien fait payer...

Garches

Je ne peux pas rester à Genève. Je dois regagner la France, en particulier l'hôpital de Garches. Garches, symbole de la jeunesse pulvérisée sur les routes. Un endroit que tu n'imagines jamais fréquenter. Garches, c'est pour les autres, pas pour toi.

Mon transport se fait par avion. Et ce n'est pas simple de faire passer par la porte d'un avion un matelas coquille et de l'installer dans la cabine. Je me retrouverai la tête en bas, les pieds en l'air. Maintenu par des sangles, transporté comme une momie, je chavire au gré de mes porteurs, un coup le ciel, un coup le goudron du tarmac. Une impression agréable pourtant : la sensation de l'air sur ma figure. Appréciable après toutes ces journées enfermé dans ma chambre d'hôpital.

À mon arrivée à Garches, je suis installé dans une jolie chambre, couleur abricot, spacieuse. La literie est confortable, assortie à la couleur des murs. Pour un peu, je me croirais dans un bon hôtel.

Quelques instants plus tard arrive un homme, mal rasé, les cheveux noués en catogan, les muscles avantageux du bodybuilder. Le genre voyou, show-biz, plein de fric. L'homme s'installe dans le lit voisin, sans même me jeter un regard. Autour de lui gloussaient tout un cortège de minettes. C'était à celle qui tortillait le plus de la croupe. Deux heures plus tard, j'étais éjecté et on me réinstallait dans une autre chambre. Même à Garches, il y a des gens qui ont le bras suffisamment long pour jouir d'avantages que les autres n'ont pas. Nettement moins *cosy*, mais encore mignonne, ma nouvelle chambre est bleue et blanche. Un deux étoiles au bord de mer… sans la vue.

Fort aimable, le chirurgien du service vient s'assurer que je suis installé correctement. Il est particulièrement satisfait de ma chambre puisqu'elle vient d'être refaite et dotée d'un lit dernier cri, avec système télécommandé de relevage soit du dossier soit des jambes. Il m'en fait d'ailleurs la démonstration sur-le-champ en manœuvrant la télécommande. Comme il ne maîtrisait pas complètement les boutons, il se concentrait sur le boîtier et n'était pas en mesure de voir mes rictus de souffrance. Car à me soulever la tête puis les jambes, puis à me recoucher, puis à me relever, il provoquait, sans le savoir, d'horribles douleurs dans tout mon corps. Je ne voulais surtout pas diminuer son plaisir, et j'ai donc pris sur moi pour lui sourire, quand il a relevé une tête hilare.

La Châtaigneraie

Je ne suis pas resté longtemps dans ma jolie chambre. Il m'a fallu la quitter au bout de quelques jours pour intégrer le service de rééducation. Je découvre l'enfer.

Trois lits dans la même chambre. Le mien est au milieu. Je n'ai même pas un bout de mur pour m'isoler. La promiscuité est insupportable. Aucune intimité. Tous les soins, toutes les toilettes, toutes les manipulations, même les plus intimes, se font en public ou quasiment. Les corps souffrants s'étalent, impudiques.

Le bruit est continuel. Le brouhaha des voix se mêle au son des postes de télévision constamment allumés.

Toute une humanité disloquée survit dans cet endroit morne et désolé.

C'est là que, symbole de ma nouvelle condition d'handicapé, je découvre le fauteuil roulant. Il me faut plusieurs jours pour pouvoir me déplacer sans m'épuiser.

C'est là aussi que je commencerai à appréhender l'étendue des dégâts physiques. Je ne suis pas prêt d'oublier, par exemple, l'horrible sensation de vertige qui m'a saisi la première fois où on m'a mis à plat ventre. Toute la partie inférieure de mon corps m'entraînait dans le vide. Impossible de me raccrocher. Je glissais.

Je devais sortir au plus vite. Je ne pouvais plus supporter cet hôpital où je n'arrivais plus à savoir si j'étais un nourrisson qu'on torchait, ou un vieillard qu'on nourrissait. Il me fallait partir. Et vite. Ce que j'ai réussi à faire au bout de trois semaines. Grâce à des relations familiales, j'ai obtenu une place à La Châtaigneraie, à Menucourt, dans le Val d'Oise.

Le contraste avec Garches était saisissant. Une chambre pour moi tout seul, un parc avec de l'herbe, des arbres, des oiseaux. Des gens, des sportifs pour la plupart, sur leurs deux jambes, venus rééduquer des membres fracturés, des tendons distendus, des articulations bloquées. Du sérieux, du tragique, encore mais plus dilué. Des handicapés, mais en moins grand nombre, des fauteuils roulants, mais pas en majorité. Là, je pouvais enfin respirer et commencer à me retrouver, à me reconstruire.

D'abord physiquement. Tout est prévu pour cela. Mais je me méfie. Je ne veux pas me muscler à tort et à travers. Si je tombe dans le piège de compenser mes jambes par mes épaules, je sais que dans dix ans je suis bon pour la table d'opération. Mes articulations, usées, me lâcheront.

Je continue aussi à contrôler l'absorption des médicaments. Là encore, pas question de verser dans une trompeuse facilité. Je n'en fais pas un sujet de débat avec l'équipe médicale. Je balance discrètement dans la poubelle les anxiolytiques et les décontractants musculaires. Je ne m'en prive pas complètement, mais je tiens à les utiliser au minimum. Je ne veux pas que plus tard ma perception soit altérée. Quand je recommencerai à vivre…

Ensuite psychologiquement. D'abord j'essaie de m'accepter. Facile à dire. La première fois que j'entrerai dans la salle de bain, que je me verrai dans mon fauteuil, mon image renvoyée par des glaces installées à ma hauteur, je me forcerai à me sourire. Ce sera d'abord un rictus. Mais je m'obstinerai jour après jour à me sourire dans les miroirs. Je crois fermement à la puissance du mental. Et ce n'est pas un hasard si je rencontre à ce moment-là un certain Krishna Kantpatel que ma sœur me présente.

C'est un professeur de yoga. D'origine indienne, Krishna se présente comme un occidental. Pas de folklore, de robe jaune safran ou de bandeau dans les cheveux. Il ressemble à ce qu'il est : un professeur, âgé d'une quarantaine d'années.

Les présentations faites, il se met tout de suite au travail. Pas de discours ni de théories fumeuses sur la réincarnation ou le grand véhicule. Pragmatisme. Je suis allongé sur mon lit. Il me demande de fermer les yeux et de voir mon corps comme si je le dessinais. Il me demande de visualiser tous mes os et tous mes organes, et de remonter jusqu'à la peau. Je ne suis pas dépaysé. Je connais mon corps, je sais exactement comment il fonctionne et quels muscles j'utilise pour exécuter tel ou tel mouvement. Cette connaissance, je l'ai acquise grâce à l'équitation, ou plus exactement grâce aux recherches que j'avais entreprises avant l'accident sur l'équitation académique. Connaissance appuyée sur ma pratique du hata-yoga, une gymnastique lente et fondée sur la respiration. Krishna reviendra toutes les semaines.

Les séances sont toujours différentes, mais je sais ce que je cherche : retrouver une puissance, une énergie vitale. Je suis convaincu que ce genre de recherche ne peut que m'aider. Puisque ma mobilité désormais est réduite, je veux agrandir mon espace, ne serait-ce que mental. Je suis prêt à découvrir de nouveaux univers. Puisque désormais le monde extérieur m'est interdit, ou en tout cas est réduit au diamètre des roues de mon fauteuil, autant explorer mon monde intérieur et en profiter. En pratiquant cette discipline pendant des mois et des mois, je garderai la sensation de l'existence de mes jambes et donc de l'unité de mon corps. C'est pourquoi je ne pourrai jamais oublier mes jambes ni en faire le deuil. Je ne suis pas amputé.

Dans la grande salle de gymnastique rééducative, jour après jour, je réapprends la sensation du vertical. Le kinésithérapeute Gilles m'installe sur une table. Je suis sanglé dessus, par les chevilles, les genoux et la taille. Il redresse la table progressivement, un peu plus chaque jour. J'encaisse de mieux en mieux la circulation du sang et j'acquiers petit à petit une plus grande endurance. Un matin, Gilles me tend un bâton pour que je fasse des mouvements avec. Immédiatement je repars dans mon ancienne vie et retrouve mes combats au bâton. Je me prends au jeu, et j'exécute des moulinets de plus en plus forts et les bras de plus en plus tendus. Jusqu'au moment où je passe par-dessus mon point d'équilibre et me retrouve cassé en deux comme une poupée de chiffon, la tête pendant au niveau de mes cuisses. Le sang afflue au visage. Je ne peux rien faire, je suis réduit à l'impuissance. Le tout ne durera que quelques minutes, le temps qu'un kiné arrive à mon aide. Mais je ne suis pas prêt à oublier cette atroce sensation.

Comme je ne suis pas prêt non plus à oublier la découverte que je fais du sadisme de certains. Je me souviens encore de l'humiliation que m'a infligée une infirmière. Très simplement, en repoussant mon lit de quelques centimètres. Je n'avais plus accès à aucun bouton d'appel, et je ne pouvais pas atteindre mon fauteuil. Résultat prévisible : comme un nourrisson j'ai pissé dans mon lit. La haine ravalée, et l'impossibilité d'exprimer ma rage. Prix payé : trois jours de larmes incessantes. Là encore, renvoyé à mon impuissance. Mais je découvre aussi la chaleur de certains autres. Pascal le brancardier par exemple, qui m'a soutenu, m'a porté, m'a transporté d'un endroit à un autre, d'un lit à un autre, d'une pièce à une autre. En étant toujours attentif et subtil.

C'est irrationnel sans doute, je connais exactement ma situation et pourtant je reste convaincu que je remonterai à cheval. Un jour, plus ou moins proche. Ce qui met les médecins dans le plus grand embarras quand ils me surprennent en train de regarder un spectacle de l'école d'équitation de Vienne sur mon magnétoscope.

« Regardez, docteur, je referai ça. »

Le médecin est coincé : il ne veut pas que je me fasse de trop grandes illusions, mais si ça peut m'aider pour retrouver le moral... Je vois son dilemme sur sa figure.

C'était chez moi une certitude. Pas une fanfaronnade. Je savais que je pouvais monter sans jambes...

Nous sommes à Garches et venons d'arriver de Suisse. « Bonjour, mon p'tit Charles. » À peine ces mots prononcés, Bernard s'effondre en larmes. Les amis, et Charles bien sûr se précipitent pour le voir. Pour Bernard, l'émotion est trop forte. Toute sa vie antérieure déboule dans sa chambre. Lui qui était un héros pour Charles n'est plus désormais qu'un pauvre handicapé... Cela passera, bien sûr et l'après-midi se terminera dans les rires.

Je garde un souvenir particulier de cette jolie chambre bleue. Premier moment d'intimité avec mon mari. Depuis son accident, nous n'avions jamais pu nous isoler.

Le passage dans le service de rééducation, deux jours plus tard, sera difficile à supporter. D'autant que l'accueil est pour le moins rébarbatif. À peine Bernard est-il installé dans cette chambre à trois lits, que se présente l'infirmière-chef. Une grande femme, robuste. «Ici, c'est moi le chef. C'est moi qui décide.» Nous sommes abasourdis, jusqu'au moment où je me souviens. Il y a deux jours, j'ai eu l'occasion de jeter un œil sur le dossier médical transmis par l'équipe suisse. À la fin du dossier, écrit en rouge, la remarque suivante: sujet dangereux, et violent. L'infirmière suisse qui avait essuyé la colère de Bernard ne l'avait visiblement pas digérée…

Le départ de Garches, difficile à obtenir – il a fallu signer une décharge – se fait dans la joie et la bonne humeur. Tout juste si je ne chantais pas d'allégresse dans ma voiture! Dès qu'il est installé à La Châtaigneraie à Menucourt, je lui apporte son piano électrique. Il y avait là-bas une équipe de musiciens, convaincus d'être les prochains n° 1 au top 50. Ils organisaient très régulièrement des concerts pour le personnel et les patients. Bernard s'est agrégé sans difficulté à ce groupe. Du coup, son moral remonte en flèche.

Il faut reconnaître aussi que l'ambiance n'a plus rien à voir avec la tristesse et l'énervement qui régnaient à Garches. Le personnel y est gentil et attentif. Je me souviens de cette infirmière de nuit qui s'assurait à 3 heures du matin que j'étais bien arrivée jusqu'à ma voiture, la seule encore stationnée sur cet énorme parking désert. Elle ne refermait sa fenêtre qu'après mon départ. Autre exemple: le personnel soignant attendait la fin des séances de Krishna pour entrer dans la chambre. Il n'y était pas obligé, mais avait cette délicatesse…

À Menucourt a commencé le défilé des copains. Proches ou lointains. Certains venaient par amitié, d'autres par curiosité. Pour voir ce fou cassé en deux, installé dans un fauteuil roulant qui expliquait à qui voulait l'entendre qu'il remonterait à cheval. Tout le monde opinait gravement du bonnet. Personne ne le croyait : dans les couloirs, chacun y allait de son commentaire affligé. En ce qui me concerne, je n'avais pas d'avis. Je connaissais suffisamment Bernard pour savoir qu'avec lui, tout était possible. Mais si vraiment il remontait à cheval, le sort se serait montré bien ironique : il avait trop souvent répété qu'il voulait devenir un centaure. Le ciel l'avait pris au mot.

En attendant, les chevaux étaient bien le dernier de mes soucis. D'abord je ne pouvais plus en voir un. Même si ce sentiment est puéril : ils n'étaient pas responsables de l'état dans lequel se trouvait Bernard. Ensuite j'avais autre chose en tête. À tel point d'ailleurs qu'un soir, à l'écurie, j'ai tout simplement oublié de les nourrir. Qu'allait faire Bernard, plus tard ? Cette question restait sans réponse. D'autant que tous, médecins, infirmières, assistantes sociales n'arrêtaient pas de réduire mon futur à 24 heures ; « Attendez, vous verrez demain. Attendez, vous n'en êtes pas là. » Je finissais par me poser moi-même des questions. J'étais tombée amoureuse d'un cascadeur, cavalier, escrimeur, incapable de rester cinq minutes tranquille, toujours en mouvement. Le resterai-je d'un handicapé, immobilisé dans un fauteuil dont le caractère, me répétait-on à l'envi changerait et pourrait devenir insupportable ?

Quand même, cela ne m'inquiétait pas outre mesure : je pouvais vérifier à tout instant que notre complicité restait intacte. Non seulement je passais une bonne partie de mes journées avec lui, mais dès que j'étais rentrée, les enfants couchés, je lui téléphonais et nous bavardions des heures entières.

Retour chez soi

Pour l'instant, je suis surtout inquiet en pensant à mon retour chez moi. Plus exactement j'éprouve un mélange d'envie et d'inquiétude.

J'ai plusieurs sujets d'inquiétude. Comment serai-je accueilli par les enfants ? Ils m'ont quitté héros de cinéma, mélange de d'Artagnan et de superman, ils vont retrouver un beau-père handicapé, dans un fauteuil roulant. J'appréhende d'affronter quatre paires d'yeux de six à dix ans.

Et puis, comment vivre en fauteuil dans un endroit qui n'est pas conçu pour cela. Ma maison est petite, étroite, construite à flanc de colline…

D'ailleurs, quand je rentre, mes roues bloquent sur le gravier de la cour. Je ne peux plus accéder à ma chambre, au premier étage. Finies aussi la bibliothèque et sa cheminée… finie la chambre des enfants au deuxième étage où nous faisions de mémorables chahuts avant de dormir… Il ne me reste plus qu'un espace restreint, au rez-de-chaussée : la cuisine et la salle de bain. Il faudra attendre quelques semaines pour que le garage, transformé en studio, devienne habitable…

Et puis, même si je ne suis pas un bricoleur de génie, ni même ce qu'on appelle généralement « un homme d'intérieur», je savais quand même changer une ampoule, ou porter un sac de ciment. Fini, tout cela. Je me sens inutile quand je vois ma femme porter ses bouteilles de gaz…

Ce sont les enfants qui m'ont donné ma première grande leçon. Pas le moindre malaise. Ils ont intégré la nouvelle situation comme s'ils l'avaient toujours connue. Et je me souviens d'un après-midi où j'étais sur le pas de ma porte. Tous les quatre étaient dans la cour et c'était à celui qui sautait le plus haut ou courait le plus vite. Ils chahutaient avec une telle vitalité et une telle joie de bouger que cela m'a fait chaud au cœur.

Retour à l'écurie

La deuxième étape de mon retour à la vie dite normale, ce fut, bien sûr, le retour à l'écurie.

Je dois avouer que cette première fois fut douloureuse. Il a d'abord fallu que je m'y rende. Les écuries étaient installées, elles aussi à flanc de colline, derrière et au-dessus de la maison.

Ensuite la cour est faite de gros pavés inégaux qui bloquaient constamment les roues de mon fauteuil. Impossible d'entrer dans la sellerie, à cause de la marche, impossible d'accéder à la tribune du manège. Il y avait cinq marches en quart de tour.

Et tout ce que je peux voir une fois entré dans l'écurie, c'est une enfilade de portes de boxes fermées. Ma tête arrive à la hauteur des loquets. Je ne vois pas les chevaux, ils sont de l'autre côté. Et quand j'ouvre la première porte, du premier box, celle d'Orlando, mon cheval, je découvre un animal décharné, à demi-paralysé.

Personne n'avait osé me le dire : peu après mon accident, le cheval avait fait une myosite, un coup de sang. Les muscles de sa croupe avaient été atteints, nécrosés de façon irréversible. Orlando ne pouvait plus se déplacer qu'avec une extrême difficulté. Lui aussi...

J'avais des liens particuliers avec lui. Orlando était une personnalité : un entier, moitié lusitanien, moitié espagnol, un bai, chaud comme la braise, qui ramenait ses cavaliers à l'écurie ou les collait dans les barbelés.

C'était un sensible, dominant. Mal monté, il chauffait, dominait tout en se mettant dans un état de nerfs déraisonnable. Par exemple, lorsqu'un nouveau cheval était installé dans le box voisin, il pouvait devenir blanc d'écume sous l'effet du stress.

Son propriétaire me l'a confié. Je l'ai acheté au bout d'un an.

Quand Orlando arrive dans l'écurie, je suis arrivé à une étape de ma propre recherche qui me permet de comprendre profondément le cheval. Ainsi je vais lui faire faire les flexions de mâchoire telles qu'elles sont préconisées par Baucher, mais en filet simple. Dans un état d'esprit particulier : je cherche à le décontracter profondément. Cela se fait évidemment à pied, dans le plus grand calme. Je cherche avec la main la plus prudente et la plus progressive dans ses exigences à le mettre en équilibre. C'est-à-dire que je lui demande de pouvoir porter son poids en avant ou en arrière, ou bien je lui demande aussi l'immobilité complète, sans autre exigence que d'être relaxé, quand je lui pose la badine sur le garrot. À force de patience et de sérénité, de récompenses et de caresses, Orlando se décontractera instantanément chaque fois que je poserai la badine sur le garrot. À tel point que quelques jours plus tard, quand est arrivé un nouveau voisin de box, et qu'il a commencé comme d'habitude à s'exciter, il a oublié complètement la raison de son énervement quand je suis entré dans le box et que j'ai posé la badine sur son garrot. Il s'est senti rassuré et cela l'a marqué profondément puisque plus jamais il n'a recommencé. Il avait compris de lui-même le bienfait de la sérénité.

Ça m'a toujours ému de voir à quel point un cheval peut prendre sur lui et s'appliquer à son travail comme un bon élève alors que de nature il est plutôt dissipé. Cela n'est qu'une affaire de tact…

Sous la selle, Orlando sortait un magnifique pas d'école, vibrant jusqu'à la pince du sabot. Je pouvais tout lui demander dans ce pas : marcher droit, marcher en cercle ou exécuter les pas de côté. Il avait aussi un trot d'école, élastique et élégant. J'avais commencé le travail au galop et la préparation des changements de pieds.

Nous avions acquis l'un et l'autre une compréhension mutuelle si complète qu'il pouvait à ma demande au pas d'école escalader un petit banc de bois, puis poser les antérieurs sur le rebord d'une des baies vitrées du manège, frôler la vitre en sécurit de son sabot, et retenir son geste pour ne rien casser. J'ai fait le même exercice avec un autre cheval, quelques mois plus tard : la vitre n'a pas résisté, elle s'est étoilée.

Dehors, je pouvais passer du galop allongé au galop sur place, et inversement, l'arrêter net et rester à l'arrêt, dans le plus grand calme.

Sachant quelle était la nature de « repris de justice » du cheval, un tel travail ne pouvait pas être obtenu par de simples moyens techniques. Tout cela était une histoire d'amour entre lui et moi.

C'est à tout cela que je pensais, dans mon fauteuil, devant le pauvre animal que je découvre en rentrant de l'hôpital. J'ai refermé la porte du box, je suis sorti de l'écurie, les larmes aux yeux, les dents serrées, incapable de proférer un seul son.

J'appréhendais ce retour à l'écurie, d'être rattrapée par la réalité. Nous avons d'abord esquivé : la première sortie s'est faite dans la famille. Un dimanche après-midi sympathique. Mais la fois suivante, il a fallu y aller. Le trajet entre Menucourt et la maison est tendu. La visite de l'écurie se déroule aussi mal qu'il l'avait imaginé. Le pire, c'est mon sentiment d'impuissance : je ne peux rien faire pour atténuer le choc. Juste être là. La claque est magistrale.

Retour à la vie professionnelle

« Dépêche-toi de marcher, que tu puisses remonter mes chevaux ». Je suis encore à l'hôpital et c'est le coup de fil que je reçois d'une de mes propriétaires. Amadeus, le joli pur-sang arabe que j'avais fini par réconcilier avec les humains, lui appartenait.

La remarque est si énorme que je ne trouve rien à répondre.

Quelques jours plus tard, Eve part en Allemagne avec ses deux chevaux.

« Ma petite Agnès, je sais que tu es dans les ennuis, mais imagine-toi avec mes chevaux ! » Je n'imagine rien du tout, je suis simplement verte de colère. Je lui renvoie ses quatre vérités sans ménagement. Il paraît qu'elle a fini par me pardonner, des années plus tard. Ah, bon !

Ce sera la seule propriétaire à se comporter de cette façon. Mais il est clair que la situation ne peut pas durer. Je dois reprendre le travail. Avec les chevaux puisque je ne sais rien faire d'autre. Et je ne me vois pas vivre aux crochets de mon institutrice de femme. D'autant que je n'ai plus aucun droit : pas de sécurité sociale, pas d'indemnité de chômage, aucune compensation financière d'aucune sorte et évidemment plus de salaires car plus de contrats.

Dès que j'ai appris l'accident de Bernard, toujours pragmatique, j'ai immédiatement pensé qu'il fallait fermer l'écurie. À Genève, je m'en étais d'ailleurs ouverte à Mario Luraschi qui m'en a tout de suite dissuadée. « Ne fais pas ça. Les chevaux, c'est toute la vie de Bernard. Tu verras, les propriétaires vont rester, et plus tard Bernard va reprendre les choses en mains. Ne fais rien pour l'instant. » Il avait eu raison.

Il ne me reste plus qu'une seule solution : former un cavalier, Charles en l'occurrence, qui pourra travailler, sous ma direction, les chevaux des propriétaires. Ce sera lui, le malheureux, qui subira mes premiers cours.

Je ne suis pas professeur d'équitation. Enseigner n'a jamais été mon métier. J'improvise donc. Mais comme j'ai plus une expérience de dresseur que de pédagogue, je n'arrive pas à comprendre les difficultés de mon élève. En particulier, je n'admets pas son manque de réactivité. Il est dépassé par l'animal, la situation, et mes explications. En clair, je n'ai absolument pas conscience du niveau réel de Charles. Cela me plonge à chaque fois dans une colère monumentale. Je hurle, je m'époumone et me heurte à ma propre impuissance. Je ne peux plus dire au cavalier : descends, je te montre… Je reste bloqué dans mon fauteuil, au bord du manège dans les courants d'air du mois de décembre.

Je reconnais que cet enseignement, pour être complet, plus complet que n'importe quel cavalier débutant peut rêver d'en recevoir, est assené de façon assez raide. Charles s'est vraiment fait insulter. Mais, à sa décharge, il faut noter qu'il ne s'est jamais rebiffé. La transmission du savoir se fait difficilement, douloureusement, mais elle est totale. Même si elle comporte une part de malentendu : Bernard rêvait de faire de Charles son double, ses jambes, son alter ego. *Rêve impossible bien sûr. Entre l'homme de trente ans et le gamin de seize ans, la distance, l'expérience, et les objectifs sont trop différents.*

Reprendre le travail, ça veut dire aussi remonter à cheval. Une partie de la solution me sera fournie par Mario Luraschi qui me présente un certain Peteris Klavins. Ce dernier est un kinésithérapeute qui, en fréquentant les cercles hippiques, s'était vite rendu compte que l'enseignement de l'équitation était inadéquat. Les mouvements du cheval – sans compter l'appréhension du débutant – interdisent selon lui tout apprentissage raisonné fait directement sur l'animal. Il a donc inventé une machine qui, sans reproduire exactement la locomotion du cheval, astreint le cavalier à en subir les contraintes musculaires, voire à les provoquer. La machine, faite à l'image d'un cheval sellé qu'on enfourche, oscille verticalement à différentes vitesses, depuis le pas très lent, jusqu'au trot et galop rapide. Si l'utilisateur bouge son bassin latéralement, l'appareil suit le mouvement, avec plus ou moins de résistance selon la vitesse choisie. L'utilisateur apprend à solliciter les muscles qu'il utilisera ensuite quand il sera à cheval. Plus le cavalier est avancé, plus il connaît les groupes musculaires qui lui sont nécessaires et mieux il utilisera cette machine pour se renforcer ou s'affiner. L'idée de base, c'est que le cavalier doit maîtriser sa position, pour éviter de perdre son équilibre, ou pour maintenir son cheval en équilibre, sans gesticulation apparente. Tout se passe dans la colonne vertébrale. La philosophie dernière de cet appareil peut se résumer ainsi : pour apprendre à jouer d'un instrument, il ne faut pas s'y accrocher.

Dès que je découvre le cheval mécanique, je suis séduit et je comprends tout de suite comment je peux, dans ma situation, l'utiliser et à quoi il pourra me servir. Si bien que la machine se retrouve dans ma chambre quinze jours plus tard.

Peteris a compris mon urgence. Généreusement, il me prête son unique exemplaire. Soucieux de promouvoir son invention, il me demande d'envisager la compétition handisport. Une idée qui ne m'avait pas traversé l'esprit : jusqu'à présent le monde de la compétition m'était resté complètement étranger. J'ai accepté bien sûr, et sans perdre une minute j'ai commencé à travailler.

La première fois que j'ai vu Bernard grimper sur le cheval mécanique, je me suis dit « Ma parole, il va vraiment le faire ! » L'appareil est installé dans notre chambre. Il y passe des heures. Il y fait tout dessus : du tir à l'arc pour retrouver sa stabilité et son équilibre, du yoga pour travailler sa respiration, sa gymnastique pour retrouver son dos… Tout, pendant des heures et des heures. Du coup les progrès sont fulgurants et se constatent d'une semaine à l'autre. D'ailleurs, trois mois plus tard, il est à cheval.

Je remonte

21 mars 1995, premier jour de printemps. Ce sera ce matin. J'ai décidé de remonter à cheval. Cela fait neuf mois que j'ai eu mon accident. Et je m'entraîne depuis six semaines. Je crois que je suis prêt. J'ai l'impression que c'est le bon moment. Je le sens plus que je ne le sais. Et j'ai confiance dans mon entourage. Je sais qu'Agnès et Charles seront là pour m'aider et sauront quoi faire en cas de pépin. Il y avait aussi un ami de l'époque, Bertrand, un maréchal-ferrant dont la force et l'expérience me rassurent.

Il fait beau ce matin-là, une vraie belle matinée de printemps. L'atmosphère est joyeuse et légère.

C'est Ismaël que j'ai décidé de remonter. Un alezan anglo-arabe hongre de vingt-quatre ans. Il avait été dressé par Gérard. Il avait une arrière-main puissante, un dos et des épaules musclés, une encolure élégante. Le cheval avait été travaillé de manière classique. Ce qui veut dire qu'il connaissait parfaitement le travail à pied, gage de sécurité pour un cavalier handicapé.

Il ne faut pas oublier en effet que je monte dans une selle anglaise, et pour couronner le tout avec une ceinture de dos.

Deux mesures de sécurité ont été décidées. D'abord un collier de chasse auquel je peux me raccrocher entoure l'encolure du cheval, et Agnès restera à sa tête prête à intervenir à tout moment. Il y a une sorte d'irrationalité dans ce raisonnement presque infantile. Je m'appuie sur elle comme un enfant sur sa mère. Mais je découvre aussi à cette occasion que ce sentiment irraisonné de confiance, je peux l'accorder à certaines personnes et pas à d'autres. Certains peuvent me prendre dans leurs bras sans que j'aie peur. Ce n'est pas vrai pour tout le monde. Rien à voir d'ailleurs avec la seule force physique, même s'il en faut, de l'intéressé.

Charles et Bertrand me hissent donc sur le dos d'Ismaël. Agnès me conduit en main quelque pas en tenant l'une des rênes, ce qui rapidement me déstabilise. Je préfère nettement qu'elle se contente de marcher à côté sans toucher aux rênes.

Dès les premiers pas, c'est l'enfer. La foulée du cheval, sorte de houle latérale, m'attire sur le côté. À en avoir le vertige. J'éprouve de nouveau cette horrible sensation d'être happé par le vide. Je tombe. Aucun garde-fou, aucune protection. Je bascule dans le vide. Je m'agrippe au collier de chasse avec une telle force, je suis si crispé, mes épaules et mes avant-bras ainsi que ma poitrine se transforment en une telle masse de béton que j'en éprouverai des douleurs au sternum pendant des années. Je suis submergé par une peur panique, la peur des débutants, que je découvre, celle aussi qui saisit l'alpiniste au beau milieu de sa paroi verglacée. Impossible de monter, impossible de descendre. Figé.

« C'est foutu. Je n'y arriverai pas. Je suis mort. » Fulgurance de la certitude. Les chevaux, c'est fini pour moi.

Cela dure des moments qui n'en finissent pas. En fait, ni Agnès ni Charles – ils me le diront plus tard – ne s'en sont rendus compte. Pour eux, tout était normal. Mais dans une cordée qui se rend compte que le guide a soudain le vertige ?

Tout à coup, les nuages s'effilochent, le soleil réapparaît. C'est l'illumination, l'instant magique. Pour une raison qu'aujourd'hui encore, je ne comprends pas complètement, après ce premier pas, le deuxième, puis le troisième se sont enchaînés et tout est revenu.

Il est étonnant de constater que, c'est au moment où, de désespoir, on s'abandonne à l'inéluctable, que surgit la solution. Je le constaterai souvent avec les chevaux. Quand on lâche prise, ils vous récupèrent.

La suite fut facile. J'ai retrouvé le pas, le cheval qui s'incurve, à droite, à gauche. J'ai réussi à m'arrêter, tout en ayant encore frôlé ce point de rupture où je deviens poupée de chiffon. Le cheval m'a donné son pas d'école. Et, cerise délectable, j'ai réussi à le raccourcir suffisamment pour qu'il me donne quelques battues de diagonalisation, une ébauche de piaffer. Pour moi, c'est gagné. Remonter à cheval est possible. Au moins au pas. Et ce ne sera pas un univers rétréci, car je sais l'immensité du travail qu'il est possible de faire au pas. À quatre-vingts ans, Lubersac, un grand écuyer de l'écurie des chevau-légers, travaillait les jeunes chevaux au pas de manière si approfondie que ses jeunes collègues pouvaient immédiatement les monter aux trois allures et aux airs d'école.

Le soir, je me suis écroulé, totalement ivre…

Les jours suivants, mon enthousiasme ne faisant que croître, je n'ai pas pu m'empêcher de pousser le bouchon un peu plus loin. Montrer comment on peut monter sans ses jambes, mais avec la même précision qu'avec des éperons. Je suis donc allé dans la carrière et devant les yeux ébahis de ma femme, je clamais, moitié-rieur, moitié-sérieux, éperon droit, éperon gauche et le cheval se fléchissait à droite et à gauche... Démonstration de ce qu'est l'équilibre, quand on le trouve. Je suis moi-même abasourdi : les chevaux sentiraient à ce point une si faible intensité ? Du coup mon ambition devient démesurée. Je ne me contenterai pas du pas.

D'ailleurs je prépare le Championnat de France, handisport.

Je n'ai pas songé un instant à l'arrêter. Bien sûr que j'avais peur. Mais le retenir ou le dissuader de monter à cheval, c'était le casser à coup sûr. Depuis trois mois, il travaillait avec un tel acharnement et aussi un tel espoir sur le cheval mécanique qu'il lui fallait valider tout cet effort. Voir en vrai, sur un cheval, ce que ça donnait.

Le choix de monter Ismaël me rassurait quand même. Le cheval avait été en partie dressé par le maître Oliveira, puisque Gérard, son propriétaire, avait suivi avec ce cheval de nombreux stages chez Oliveira. Ismaël était donc parfaitement dressé, calme, et à l'écoute.

Quand Bernard monte, rien ne me semble anormal ou particulièrement dangereux. Son équilibre était instable, il penchait d'un côté et de l'autre. C'est le contraire qui m'aurait surprise. Au cours de la séance, pas après pas, je l'ai vu se redresser, se raffermir et se stabiliser. Je marchais à ses côtés, en suivant du mieux que je pouvais tout ce qui se passait : à tout moment, j'étais prête à rattraper le cheval. Résultat : quand Bernard a mis Ismaël au pas d'école, j'ai moi aussi levé la jambe et marché comme une danseuse...

Je n'ai partagé qu'à moitié l'enthousiasme général. « On est dans la merde », ai-je pensé. Car je savais très bien qu'après Ismaël, il y en aurait beaucoup d'autres. Je n'étais pas – loin de là – au bout de ma peur.

Le championnat

Ce n'est pas mon monde. J'y débarque comme un huron. Tous ces gens handicapés ! Je n'ai aucune affinité avec eux. À dire vrai, je ne me sens pas des leurs.

Il faut dire que, quand je passe les épreuves, cela fait seulement dix mois que je suis dans un fauteuil roulant. Je ne me vois toujours pas comme un handicapé à cheval. Je suis encore un cavalier…

La compétition, avec ce qu'elle suppose d'organisation, de règles pour ne pas dire de rituels, aggrave encore cette sensation d'étrangeté. Le plus bel exemple de mon déphasage, c'est ma tenue. Je n'ai même pas songé à présenter les épreuves avec la veste de concours, la bombe réglementaire et les bottes cirées. Sans bombe, en gros pull blanc, tricoté au point irlandais, et en baskets… D'ailleurs je ne viens pas participer à une compétition, mais je fais ce que j'ai toujours fait : je présente une démonstration artistique, avec mon cheval et sur une musique de Jean-Sébastien Bach. Les fameuses *Cantates* qui ne me quittent pas depuis Genève.

Pendant toute ma reprise libre en musique, Charles marchera, sur le côté, à quelques pas. Cette discrète présence me rassure et me permet d'entrer dans ma bulle. Je prends la ligne du milieu au pas d'école. Arrêt. Je repars au pas d'école. Je me débarrasse des figures imposées et j'enchaîne sur les deux pistes. Epaule en dedans. Demi-pirouette au pas sur la ligne du quart. Reculer. Piaffer. Et, pour la première fois, j'attaque la longueur du manège dans un «petit passage», proche de ce que les Anciens appelaient un «doux passage». Je reprends la ligne du milieu au pas d'école. Je m'arrête réglementairement en X et je termine ma démonstration par un mâle salut mousquetaire: mon stick dressé, comme une épée, verticalement, puis abaissé vers le sol, sur le côté droit. Rien de réglementaire, là-dedans.

À ce moment-là, j'émerge et je prends conscience de l'épaisseur du silence. Puis tout le public, juges compris, se lève et m'applaudit.

Médaille d'or. Après la remise de la décoration, un cavalier d'une cinquantaine d'années viendra me retrouver dans les écuries. C'était le fils d'un écuyer du Cadre noir de Saumur.

«Si le maître Oliveira vous avait vu aujourd'hui, il en aurait été ému.» Le plus beau compliment…

Pétéris est ému, l'ami Bertrand, le maréchal-ferrant costaud, est en larmes… Charles prendra sa première cuite… moi, je plane.

Deux jours plus tard, j'arrive à Menucourt avec ma médaille. Toute l'équipe médicale m'accueille sans dissimuler sa fierté. Le médecin-chef, celui que j'abreuvais d'images de l'école de Vienne, a failli, littéralement, tomber à la renverse. Sous l'effet de la surprise, il a cherché un appui, derrière lui. Mais le mur était à un mètre. Il a récupéré son équilibre *in extremis*, pendant que son stéthoscope, soudain animé d'une vie propre, cherchait à s'envoler…

Je suis retourné à Menucourt quelques jours plus tard avec un petit film, monté par mon frère, Jean-Marie. Les médecins étaient intéressés, aussi, à titre médical. Ils voulaient analyser la manière dont je compensais mon handicap. Du rêve à la réalité : c'était le titre de ce film que j'ai montré à de nombreux amis. Gérard, qui avait dressé Ismaël, a lui aussi été fort ému en le regardant.

Les clichés sont faux : confrontés à une catastrophe, certains pensent qu'un gouffre s'ouvre à leur pied. Moi, maintenant je sais que je suis au pied du mur, d'une muraille même, et que je dois commencer mon escalade.

Au départ, Bernard ne voulait pas participer aux championnats. « Pas question » avait-il péremptoirement décrété. Ce n'était pas son monde. Mais Peteris a insisté. « Fais-le pour moi, pour montrer l'efficacité de mon cheval mécanique ». L'argument a convaincu Bernard. Nous voilà donc partis pour le Championnat de France d'équitation handisport.

Ça commence mal. Nous sommes logés dans un centre d'entraînement pour handicapés. Des chambres comme des cellules, deux lits superposés, une salle de bain sommaire, pas de draps. Le tout est gris et sinistre.

Rien ne semble conçu pour les handicapés : par exemple, Bernard attendra le moment de présenter sa reprise au moins dix minutes. Il était à cheval, dans un couloir, sur du béton, avec des fauteuils disposés çà et là, des chevaux qui passaient des gens qui entraient ou sortaient... Dans ce genre de circonstances, l'adrénaline me monte au cerveau.

Tout ce rassemblement d'handicapés contribue aussi à créer une ambiance spéciale. Jusqu'au moment où on voit des handicapés travailler leurs chevaux. Là, je dois avouer que j'ai été surprise. Qu'une aveugle puisse manier sa monture avec une précision telle qu'elle obtient l'arrêt à un endroit précis, au centimètre près, a de quoi surprendre en effet.

Cette expérience, je crois, fut importante pour Bernard. Pas tellement la médaille d'or. Mais surtout la reconnaissance des valides, des juges. La minute de silence qui a conclu sa prestation, il y a eu comme un blanc, l'a projeté immédiatement vers l'avenir. Peu importait ensuite le résultat en lui-même. Que nous avons attendu en buvant l'apéritif. Quand trois heures plus tard, les médailles furent remises, nous étions tous très gais. Charles a fini la soirée dans le van, à tutoyer le foin…

Dès le lendemain, nous commencions tous à trouver tout cela très normal et nous étions partis pour la prochaine étape : les Jeux olympiques.

La régie

Quelques mois plus tard, je renoue avec l'ambiance « spectacle ». Mario Luraschi me demande une bande pour son spectacle. Durée : une heure et demie.

La difficulté dans ce genre de travail, c'est d'accorder la musique aux différents moments des numéros. Il faut tenir compte des entrées, des sorties, et des ambiances. Et c'est à moi, à partir de différents morceaux que je choisis, ou que Mario m'impose, d'imaginer la durée probable de chaque numéro et d'adapter la musique. C'est là que mon expérience du spectacle équestre m'aide.

Naturellement la commande était pour hier. Je livre ma bande au jour J. Nous sommes le deuxième week-end de septembre à l'abbaye de Chaalis, près d'Ermenonville. Le spectacle se déroule en plein air. Les responsables techniques font alors remarquer à Mario que le seul qui connaît le spectacle, puisque j'en ai réalisé l'architecture sonore, c'est moi. Ils demandent donc que je reste pour assurer la régie pendant la répétition et les trois représentations. Mon aide leur a paru d'autant plus précieuse que, finalement, il n'y a pas eu de véritable répétition à cause d'une pluie diluvienne. C'est comme cela que j'ai commencé, sur le tas, un nouveau métier, régisseur de plateau. Si je m'y suis si volontiers plongé, c'est que je retrouvais le spectacle, la scène, l'ambiance survoltée des premières, le trac dans les coulisses et la montée d'adrénaline avant le top départ.

La répétition s'est faite sous une pluie battante, jusqu'à une heure avancée de la nuit. J'étais là pour me rendre utile et participer à la fête.

Ma présence s'est effectivement révélée très utile. Quand nous sommes arrivés à l'hôtel, un établissement Relais et Châteaux superbe, nous nous sommes rendus compte que la chambre était sous les combles, inaccessible. Il m'a fallu à deux heures du matin trouver quelqu'un pour obtenir une autre chambre. Cela s'est fait assez rapidement, après quelques palabres, quand même. Et là nous avons joui d'une pièce gigantesque, luxueuse, avec une salle de bain « hollywoodienne », bain à remous, et autres équipements pour star de cinéma. Nous étions prêts à payer la différence, c'était la moindre des choses. Il n'en a pas été question. L'organisateur du spectacle a voulu tout prendre à sa charge. Le week-end fut donc, finalement, très agréable et je n'ai pas regretté d'y avoir joué les utilités.

La nuit du cheval

De toute façon, je reste plongé dans ce monde. Grâce à Atrevido. Mon cheval avait passé les mois qui ont suivi mon accident en pension chez ma sœur Odile et je l'avais récupéré au début du printemps.

Je l'ai remonté, mais en selle portugaise. Après Ismaël, j'avais en effet compris que la selle anglaise était tout à fait inadaptée, et même dangereuse. Cette selle est en effet très plate. Alors que la portugaise avec son trousse-quin et son pommeau élevés, me cale.

Mais pour Atrevido, la selle portugaise, cela voulait dire spectacle. Et pour lui, être en spectacle, c'était d'abord faire des courbettes et se mettre debout. Ce qu'il n'a pas manqué de faire dès les premières minutes dans le manège. L'affaire s'est vite réglée. J'avais encore gagné un degré dans la maîtrise et de l'émotion et du défi physique.

Jusqu'à présent j'étais au pas, ou au trot, voire au passage. Me restait le galop. La difficulté de cette allure basculée, quand on est sans ses jambes, c'est la projection vers l'avant lorsque le cheval redescend. C'est aussi l'allure où le cheval peut mettre en œuvre le plus de résistances et d'énervement.

J'ai d'abord flirté avec les départs, puis j'ai lancé le cheval sur des cercles, d'abord dans le manège puis dans la carrière. Vite dit : il m'a fallu travailler pendant deux ans environ.

À l'occasion d'un reportage sur le handicap réalisé par FR3, j'ai été sollicité pour participer à cette émission. L'équipe souhaitait faire mon portrait. La réalisatrice a commencé par interviewer les spécialistes de Garches sur mon handicap, les possibilités qu'il laissait et les limites qu'il imposait. Et le médecin interrogé d'affirmer, avec une certaine force, l'impossibilité absolue pour un handicapé tel que moi « paraplégique D10 (10e vertèbre dorsale) » de galoper. Monter à cheval lui paraissait possible, au pas, éventuellement au petit trot. Au galop, jamais. La réalisatrice s'est alors fait un plaisir de lui montrer le film qu'elle avait tourné sur ma carrière où j'entrais au galop sur la ligne du milieu avant d'entamer un cercle.

Comme quoi l'improbable n'est pas toujours impossible.

Je constaterai plus tard que je n'ai jamais aussi bien monté Atrevido qu'en étant handicapé. Il a accepté de travailler sans être soutenu par les jambes. C'est de lui-même qu'il remontait son dos et faisait fonctionner ses abdominaux. Sans mes jambes, j'ai été obligé d'utiliser des stratégies faites de douceur et de patience. Avec les chevaux, et Atrevido me l'a démontré une fois de plus, cette démarche est la seule qui se révèle payante. Au-delà de la technique, c'est bien la qualité des relations entre l'homme et l'animal qui fait la différence. Atrevido avait plus ou moins accepté de se plier à différentes « méthodes » de dressage. Il était passé d'« une équitation de spectacle » à une équitation académique, avec jambes, éperons et bride. Avec des résultats, bien sûr, mais pas toujours convaincants. Car le cheval n'adhérait pas complètement. Il restait une part de contrainte qui a été éliminée quand je l'ai monté avec mon handicap, en filet simple. En regardant les dernières photos, je vois un cheval harmonieux, rond et en avant.

Ce qui ne l'empêchait pas de garder son fichu caractère. Je l'ai expérimenté à la nuit du cheval, lors du Salon de 1995 à Paris. C'était ma première sortie en spectacle depuis mon accident. Au stress habituel de toute prestation publique s'ajoutait celui du handicap. Il y avait beaucoup de monde autour de la grande carrière où je devais me produire. En fait, mon entourage était quasi plus angoissé que moi.

J'ai fait mon entrée sur les *Cantates* de Bach. Tout s'est parfaitement déroulé, du moins du point de vue du public. Mais Atrevido a cherché, bien sûr, à me créer des difficultés. Par exemple, il détestait les flashes des appareils photos et en profitait pour tenter d'échapper à son travail. Rien ne se voyait, mais il me fallait le gérer à tout instant. La sortie fut très applaudie. Pour cause, le cheval a exécuté une magnifique courbette, dressé sur ses deux postérieurs. Seul bémol : la figure n'était pas demandée…

En coulisse, je tombe sur Serge Cornu, de la garde républicaine. Un cavalier de niveau international, connu dans le circuit. Nous nous mettons rapidement d'accord pour esquisser un pas de deux après sa propre prestation avec Olifant-Charrière.

Je garde un souvenir précis de ce moment : nous sommes entrés ensemble, chacun a longé un grand côté au pas d'école, puis nous sommes revenus au passage sur la ligne du milieu. Serge Cornu, que je ne connaissais pas, s'est montré chaleureux, soucieux de moi comme aurait pu l'être un grand frère.

Me retrouver à ses côtés, dans la grande carrière du Salon du cheval, m'a donné un vrai coup de fouet. Cela m'a galvanisé. J'ai eu l'impression que le public me donnait une part de son énergie. En tout cas, j'en ai constaté immédiatement les effets sur moi, puisqu'à partir de ce jour j'ai retrouvé une certaine tension dans le dos. Ce résultat, il m'aurait fallu des mois de travail quotidien pour l'obtenir dans une situation «normale». À croire que le stress, et l'adrénaline me sont indispensables pour progresser.

J'étais là quand Atrevido s'est mis debout la première fois qu'il l'a remonté dans le manège. Je suis toujours là. Et je me souviens encore du coup au cœur que cela m'a provoqué... et du sourire béat de Bernard quand le cheval est redescendu sur ses quatre pieds. «Il est vraiment malade, ce mec» ai-je pensé.

Cette même idée m'a retraversé l'esprit lors de la nuit du cheval. Cela faisait un an tout juste qu'il était sorti de l'hôpital. Le voir sur cette carrière, immense, où tout était possible, en train de faire le beau, alors qu'au bord de la piste je me rongeais, les sangs et les ongles en triturant sauvagement la main d'un ami... Je connaissais assez Atrevido et son sale caractère pour savoir que ce cheval ne lui ferait aucun cadeau. Je n'ai donc pas été plus surprise que cela quand il s'est mis debout. J'ai simplement pensé que cette courbette allait être suivie d'une lançade, que nous allions droit dans le mur. Mon angoisse est montée d'un cran, comme ma colère d'ailleurs devant ces idiots de spectateurs qui envoyaient leurs flashes à tout va, sans tenir compte du speaker qui avait auparavant demandé au micro qu'on s'abstînt de photographier.

En fait, tout s'est très bien passé, Bernard a tout géré. Le pas de deux avec Serge Cornu était très émouvant, d'autant que Cornu a fait très attention à Bernard et s'est calé sur lui. Leur sortie, tous les deux au botte à botte au passage a été un grand moment.

Cette nuit fut magique. Je le pense maintenant, qu'elle est finie. Sur le coup, j'avais le gosier plutôt serré.

Atlanta

Le deuxième Championnat de France se profile déjà. J'y obtiens ma deuxième médaille d'or, ce qui, *de facto*, me sélectionne pour les Jeux paralympiques d'Atlanta, où, pour la première fois, l'équitation de dressage fera son entrée. Mais je constate que monter un cheval portugais rajoute à mon handicap : certains juges estiment a priori que les lusitaniens n'ont pas une bonne locomotion, qu'ils ne sont pas assez énergiques dans leur tension musculaire, bref, qu'ils sont bons pour les bodegas et autres fiestas mais pas pour figurer sur un rectangle de compétition. J'aurai ainsi des notes très différentes selon les juges.

De toute façon, la question ne se posera pas aux Etats-Unis puisque nous partons sans nos chevaux. Pour des raisons de coût de transport, nos montures nous seront fournies sur place par les Américains.

L'arrivée dans le village olympique est assez étrange. Aucun accueil n'est prévu. Les décors commencent à être démontés. On remballe les équipements des Jeux olympiques des valides qui viennent de prendre fin. Il règne une ambiance de lendemain de fête. Il faut faire ces jeux paralympiques. Il s'agit d'une obligation morale pour les

Américains. Mais on ne peut pas dire que ce soit un plaisir. Sauf pour nous. Ce village olympique, une université en temps habituel, est construit sur une colline. Notre dortoir est en bas de la côte et la cantine au sommet... 400 mètres de pente pour absorber petit déjeuner, déjeuner et dîner. Le tout par 35 ° C en moyenne. *You're Welcome* !

Le site olympique lui-même où se déroulent les compétitions équestres est situé à trois heures de route aller-retour. La désorganisation est telle que nous serons obligés de nous y rendre deux ou trois fois par jour. Il nous est arrivé de nous lever à 5h30 et de rentrer après minuit et de nous coucher le ventre vide, puisque la cantine était fermée à cette heure-là. Petit à petit, tout est rentré dans l'ordre mais une partie de notre préparation s'est faite dans ces conditions.

L'équipe est composée de cinq cavaliers, chapeautés par un directeur technique fédéral, Gérard Legall. Si Nathalie Bizet, Thierry Touret, Frédéric Aguillaume, José Letartre ont l'habitude de figurer en compétition handisport internationale, je suis, quant à moi, novice. J'ai tout à découvrir dans ce monde de la compétition. À commencer par les sportifs qui m'entourent. Ils me surprennent : sauf, il faut le reconnaître, mes cinq coéquipiers ; ils allient un état d'esprit communément répandu dans le monde du sport de haut niveau, goût de l'effort, ténacité, volonté, à une attitude qu'on peut qualifier de primaire. Les mêmes chansons idiotes, les mêmes slogans stupides, la même fausse rivalité entre « les roulants » et les « marchants », entre les handicapés en fauteuil et ceux qui sont debout. Le tout est censé galvaniser le moral des troupes. Certaines scènes me restent en mémoire. Par exemple, la bataille, il n'y a pas d'autres mots, déclenchée par l'arrivée des bus après la cérémonie d'ouverture. C'était une foire d'empoigne pour être le premier à monter dans les véhicules. À tel point que les chauffeurs, bloqués par la foule, étaient immobilisés au milieu de la chaussée. Aucune courtoisie, aucun élémentaire savoir-vivre. Le handicap n'améliore en rien l'espèce humaine.

À côté de cela, j'ai rencontré des gens extraordinaires, les mêmes parfois. Dans la chaleur et l'humidité étouffante qui régnaient à Atlanta en ce mois d'août, les chairs gonflent, les prothèses ne s'adaptent plus aux moignons, mais personne ne se plaint et tout le monde garde le sourire et l'envie de gagner. Ces individus capables d'être odieux sont les mêmes qui peuvent rigoler de leur handicap. Ainsi deux amputés des bras s'acharnent pour se prendre mutuellement en photo en posant l'appareil sur un pied et en cherchant à toute force à déclencher l'appareil avec les dents. Sans compter la mémorable course entre Frédéric, un amputé d'une jambe et José, un amputé de naissance des tibias. Je les revois le premier sans sa jambe et le second à quatre pattes sprinter dans les couloirs.

Le choix des chevaux

Autre exemple de la désorganisation : nous, les Français, arrivons moins d'une semaine avant le début de la compétition. Si bien que nous n'avons eu que très peu de choix dans les chevaux et surtout, nous n'avons eu que deux jours pour faire connaissance avec nos montures.

On nous les présente dans une carrière gigantesque, ce qui, pour moi, signifie danger. Car les distances sont telles que j'ai toutes les chances de me faire prendre la main. Et c'est ce qui va se passer avec le premier cheval que j'essaye. Un trotteur qui paraissait porteur, mais qui m'a testé très rapidement et qui en est arrivé à la conclusion qu'il pouvait me « trimbaler » comme il l'entendait. J'ai réussi à le mettre sur un cercle pour casser son impulsion, mais assis inconfortablement, je me suis retrouvé tordu et du coup tous mes efforts étaient contredits par d'intempestifs coups de cravache. Le cheval m'a alors repris la main et a foncé droit sur la lice pendant que le reste de l'équipe et le personnel d'encadrement regardaient ailleurs. Je me suis dit : « Hôpital d'Atlanta, me voilà. » J'ai quand même gardé mon sang-froid. Convaincu que le cheval allait sauter, je m'y suis préparé en m'accrochant à l'encolure en me disant qu'il me fallait absolument rester collé au cheval. Et comme je me suis penché violemment en avant, il a pilé, net, deux ou trois foulées avant la barrière. J'ai repris mes esprits, et j'en ai conclu que ce n'était pas le bon numéro.

Le lendemain, on me propose… un pur-sang arabe, épais comme une lame de couteau et le dos plus creux que ma baignoire. Je l'ai essayé exactement trois minutes. Je n'aurais même pas dû !

Le troisième animal qu'on me présente est un quarter horse. Un hongre d'une quinzaine d'années, alezan crin lavé, un brave cheval, bien porteur. Après mes deux précédentes frayeurs, je décide que c'est le partenaire qu'il me faut. Tant pis pour l'élégance des allures, je privilégie la sécurité.

Son dressage à l'américaine me facilite la vie : le cheval entre immédiatement en communication avec son cavalier, quelle que soit son équitation. Petit à petit, je l'amènerai à exécuter des mouvements plus classiques, moins « cow-boy ».

Il était évident que les Français n'avaient comme chevaux possibles que les rebuts des autres nations. Nous étions arrivés beaucoup trop tard.

Du coup les montures qu'on propose à Bernard sont inadaptées au possible.

Sur le trotteur, au commencement, tout va très bien. Mais c'est quand Bernard part au trot que les ennuis commencent. Le cheval lui a pris la main. Tout le monde, c'est-à-dire le personnel de piste, l'entraîneur, et le personnel chargé de la sécurité, tous ces gens-là papotaient, sans rien voir. J'ai commencé à crier : « Faites quelques chose ! » Mais quoi ? Ils semblaient si impuissants que j'ai cru qu'ils allaient en plus faire la sottise de courir derrière le cheval.

À ne jamais faire évidemment, sous peine de voir l'animal prendre la fuite encore plus vite. C'est donc Bernard qui a réglé le problème tout seul... Soupir de soulagement, et question, qui commence à se faire lancinante: «Qu'est-ce qu'on fait ici?»

La veille de la compétition proprement dite, je découvre mes concurrents et surtout leurs chevaux. Cette séance s'appelle la *warm-up*. C'est une sorte de répétition générale faite avec le même sérieux, et dans les mêmes conditions que la compétition elle-même. D'ailleurs, les épreuves de la *warm-up* sont notées et commentées par les juges.

Ce qui me surprend au premier abord, c'est la qualité des cavaliers, le sérieux de leur préparation. Les Danois, les Allemands et les Anglais bénéficient des conseils de vrais entraîneurs. Leur attitude ne me trompe pas: ce sont des professionnels. Jusqu'au dernier moment, ils encadrent leurs cavaliers et les chevaux. Naturellement, ils ont tous pu choisir les montures qui leur convenaient, puisqu'ils étaient à pied d'œuvre depuis plusieurs jours.

Je découvre aussi que la compétition ne se déroule pas uniquement à l'intérieur du rectangle: les tractations de couloirs comptent autant. Pas pour les Français puisque nous n'étions jamais au courant de ce qui se tramait. Ces conciliabules permettent de remettre en cause des règles apparemment strictes. Par exemple, certains favoris auront le droit de revenir sur le choix de leur cheval. Une Allemande aura même le droit de présenter les deux épreuves – la reprise imposée et la reprise libre en musique – sur deux chevaux différents. Elle va évidemment l'emporter puisqu'elle présente comme deuxième cheval un superbe hanovrien. Cette ancienne cavalière de

Grands Prix souffrait d'une sclérose en plaques. C'était, nous a-t-on expliqué – sa dernière épreuve avant de mourir. Humainement, il fallait la laisser gagner. C'est comme cela que je me retrouve quatrième en individuel. Je retrouverai cette même cavalière, prétendument moribonde, au Danemark, deux ans plus tard lors des championnats du monde…

Elle ne pouvait que gagner. Cette concurrente est une cavalière de haut niveau. Elle souffre certes d'une sclérose en plaques mais elle est en phase de rémission. Elle est donc debout sur ses deux jambes. Elle monte même avec des éperons. Les juges ne pouvaient que lui donner les meilleures notes… D'autant qu'elle est passée la dernière, comme si elle était hors concours, sur un cheval que personne n'avait encore vu. Un hanovrien superbe, dressé pour la compétition, capable de « sortir » des allures exceptionnelles. J'étais scandalisée… Après j'ai admis qu'après tout si gagner à Atlanta était pour elle un but, le seul qui lui restait, qu'on lui donne la médaille. Bernard, lui, ne participait à ces jeux que pour acquérir une expérience supplémentaire. Ce n'était pas sa raison de vivre. Mais quand même, quand on participe à une compétition sportive, quelle qu'elle soit, il est correct de respecter les règles qui s'appliquent à tous.

Et puis, José Letartre et moi-même avons un handicap supplémentaire : « Vous n'avez pas assez l'air invalide » remarque le directeur technique national de l'époque, qui vient nous voir le dernier jour pour nous féliciter sur notre comportement. « On ne voit pas assez votre handicap quand vous êtes sur vos chevaux. » Et pour les juges, cette apparente aisance joue contre nous…

Et pourtant, je fais partie des rares cavaliers paraplégiques complets dans le circuit international. Nous sommes tous classés dans quatre grades, selon la nature et la gravité de notre handicap. Cette classification est déterminée par une commission de médecins, essentiellement anglo-saxons. Apparemment le système est juste : il permet à chacun d'affronter des concurrents de sa force, ou de sa faiblesse… J'appartiens au grade 1, celui des handicapés les plus lourds. Mais, en fait, les dés sont pipés. Car nous découvrirons par la suite que les jeux se gagnent aussi à la visite médicale et qu'il vaut mieux, quand on est un handicapé qui relève du grade 2, se retrouver classé en grade 1.

Malgré cela, les Français ne s'en sortent pas si mal, puisqu'à cette première prestation olympique, nous remportons la médaille de bronze par équipe.

Le retour est euphorique. Nous sommes reçus à l'Élysée. Nous sommes décorés dans l'ordre national du Mérite. Je suis fait chevalier. Ça y est, j'en suis un vrai…

Je profite de ce succès pour tenter d'influer sur le cours de mon procès.

Le procès

Car il y a procès. Toujours pas réglé onze ans plus tard. Je suis dans un fauteuil, cassé en deux, mais il faut en plus que je me débatte dans des labyrinthes juridiques. La production allemande, la sécurité sociale française et l'administration suisse se renvoient la balle. Moi, dans le rôle de la balle.

Le sac de nœud est le suivant : j'ai eu cet accident alors que je travaillais pour une production allemande qui réalisait un film en Suisse. Les Allemands ont été les premiers à comprendre. Le soir de mon accident, à l'hôtel de Genève où arrive Agnès, des représentants de la production lui assurent qu'il n'y a aucun problème. « Votre mari est assuré, comme n'importe quel balayeur employé sur le plateau de tournage. Pas de souci. Il est couvert à hauteur de six millions de francs. »

Le lendemain, la chanson est différente. « Votre mari est un cascadeur. Cela relève d'un contrat spécifique qui n'a pas été contracté. En fait, il n'est pas couvert. » Constatation piteuse, faite un peu tard. Et ils ajoutent : « Madame, signez ce contrat. »

Agnès regarde de plus près : il s'agit d'un papier précisant que je recevais des honoraires et non un salaire. Elle refuse. Les mêmes se résolvent donc à venir me trouver sur mon lit d'hôpital. À peine gênés.

« Signez ce contrat, monsieur. » Malgré le choc, la souffrance et la morphine, je refuse.

Bien nous en a pris. En me déniant la qualité de salarié, ce contrat me privait de tout droit à indemnisation. Payé en honoraires, j'aurais en effet été obligé de contracter une assurance personnelle.

Les Allemands maintiennent leur version – je suis cascadeur, j'aurais dû contracter une assurance personnelle – et refusent donc de payer. Les Français aussi, puisque j'étais employé par une société allemande. Quant à la Suisse, elle ne se sent concernée en rien.

La procédure commence donc devant les tribunaux allemands. Ce qui veut dire expertises, contre-expertises, avocats, et traductions. Tout acte doit être traduit. Et c'est cher. À nous de payer évidemment. Aujourd'hui, nous payons encore.

Une autre procédure est engagée en France plus tard contre la société Axa qui assurait Mario Luraschi et ses chevaux.

J'ai tout perdu, mes jambes et mon travail et en plus je dois signer des chèques. En quelques jours, je suis évidemment ratissé. Avec la perspective de devoir débourser des sommes astronomiques pour les soins dont je vais bénéficier dans les années suivantes. Et puis, cerise sur le gâteau : il m'a fallu réclamer pendant plus d'un an le paiement de ma cascade, laquelle avait pourtant été diffusée quelques semaines plus tard…

Naturellement les audiences, au palais de Justice de Paris, se déroulent en hauts d'escaliers infranchissables en fauteuil roulant, dans des salles inaccessibles, sous les combles. Pas d'ascenseur. Je monte à dos d'avocat…

Je tairai aussi les récits d'expertise médicale dans les loges de concierge. Les experts médicaux se trouvent eux aussi dans les étages. Tout comme d'ailleurs leurs confrères en architecture, censés établir un dossier qui justifierait les adaptations de mon domicile personnel. Le montant des honoraires de ces gens-là est proportionnel à l'étage où est installé leur cabinet : plus c'est haut et inaccessible, plus c'est cher !

Dans ces conditions, ma médaille à Atlanta me semble une belle occasion de tirer la sonnette de quelques hommes politiques. À l'heure de l'Europe, pensais-je, les politiques vont se mettre d'accord de part et d'autre du Rhin. Jacques Barrot, ministre de la Santé en 1995, Hervé Gaymard, secrétaire d'État à la Santé en 96, Martine Aubry, ministre de l'Emploi et de la Solidarité en 97, sont saisis. Même pas de réponse, ne serait-ce que de politesse.

Et puis, dans le milieu du cheval, mon histoire commence à être connue. Elle suscite quelques vocations de petites sœurs des pauvres, qui ne débouchent sur rien évidemment. Ainsi un jour arrive chez nous Isabelle Bresse, la fille de Pierrette, chroniqueuse hippique. Fifille fait un reportage sur moi, me demande une photo, magnifique, la seule que je possède d'Atrevido en liberté. Je ne reverrai jamais cette photo. Mais le soir même j'ai la mère au téléphone.

« Bernaaaard ! C'est scandaleux, votre histoire. Je connais tout le monde. Je me charge de votre dossier. Envoyez-moi un double. Je vous garantis que vos ennuis sont terminés. J'alerte tout de suite Claude Evin. » Le dossier est envoyé. J'attends encore la réponse.

Aujourd'hui, j'ai de quoi me consoler: quelques étudiants en droit m'ont signalé l'existence dans leurs livres du cas Sachsé. Je suis devenu un cas. On devient célèbre comme on peut…

Saumur

Cette fois-ci, les dirigeants fédéraux prennent conscience que nous ne pouvons plus nous contenter d'une attitude d'amateurs pour préparer les Championnats du monde du Danemark en 98 et les Jeux paralympiques de Sydney en 2000. Il est donc décidé que plusieurs stages seront organisés à Saumur, dans le cadre de l'Ecole nationale d'équitation. C'est une grande première pour l'équipe handisport. Cette prise de conscience a quand même ses limites… financières. La fédération paie nos stages, mais le transport, l'hébergement et les repas sont à notre charge. Inutile de préciser que dans ma situation, cela représente une somme qui n'est pas mince. Est donc bienvenue la subvention que décide de me verser l'ACBB de Boulogne-Billancourt, grâce à l'intervention de Carmen Alexandre, l'une des dirigeantes du club, une vraie militante pour le droit des handicapés. J'appartiens à ce club des Hauts-de-Seine, une affiliation obligatoire quand on se présente à des compétitions.

Dès notre arrivée à Saumur, les écuyers du Cadre noir nous accueillent. Nous les intéressons bien sûr, nous cavaliers de dressage handicapés et ils n'hésitent pas à nous donner avis et conseils.

C'est comme cela que je retrouve sous la tunique noire un ancien condisciple du Haras du Pin, Olivier Puls. Il découvrait le travail à pied qui l'enthousiasmait. Nous avons longuement discuté de ce sujet. Il prêchait un converti et je ne pouvais qu'approuver sa démarche et l'encourager.

Un peu plus tard, lors d'une séance d'entraînement, Nathalie Bizet éprouve des difficultés avec un cheval. Philippe Limousin le lui reprend. Il le connaît bien puisqu'il l'a dressé deux ou trois ans auparavant. Il commence par recadrer le cheval dans le travail à pied, le long du pare-botte. Il lui mobilise les hanches, le fait avancer, reculer, puis le diagonalise en lui administrant la petite fessée de rappel à l'ordre qui remet l'animal au garde-à-vous. Ceci fait, il le monte et le lance dans un appuyer d'une justesse et d'une cadence impeccables.

Assis dans mon fauteuil, je ne peux qu'applaudir.

Le soir, dans ma chambre d'hôtel, j'appelle Agnès pour lui raconter ma journée, mes discussions avec Puls et mon admiration pour Limousin, l'homme et le cavalier. Au fur et à mesure de mon récit, les images affluent. Moi aussi, j'ai su travailler à pied, recadrer gentiment et fermement un cheval, moi aussi j'ai su faire des appuyers bien orientés. Le sentiment de perte irrémédiable, la sensation que je m'éloignais inéluctablement de ce monde m'a pris à la gorge et je me suis écroulé en larmes. Trop d'impuissance, trop d'injustice.

Le lendemain j'étais de nouveau dans le grand manège des écuyers.

Les stages suivants furent tout aussi durs, moralement et physiquement. D'abord, je monterai deux à quatre chevaux par jour. Surtout, je dois m'adapter à des chevaux de selle français qui n'ont pas du tout la souplesse des portugais. Leur trot est plus raide, leur cadence plus ample, mes efforts pour rester en équilibre sont donc plus intenses. Sans compter que je dois accepter leurs allures, et que je dois aussi les travailler sans avoir comme avec mes chevaux une relation particulière, relation qui d'une certaine façon me sécurise.

Le symbole de ces efforts physiques, ce sera mon passage sur Percival, le simulateur électronique de l'École nationale d'équitation. Il s'agit d'un cheval commandé par ordinateur qui reproduit à l'identique la locomotion, les allures, jusqu'au saut. On peut varier à volonté l'amplitude et la fréquence. Je travaillerai entre autres les différents équilibres dans le galop, depuis le galop sur les épaules à celui du cheval assis les hanches en début de pirouette et inversement. Ces exercices sont très contraignants pour moi, d'autant que je suis en selle anglaise. Je suis à la limite de mes possibilités. Mais justement, c'est cela qui me sera bénéfique.

L'un des derniers stages se terminera en apothéose : alors que je m'escrime sur ce maudit Percival, l'un des vérins saute. La machine devient folle et fait comme un double écart à 45 degrés. Dans une corrida à cheval, on appelle cela un quiebre. Je n'ai même pas de crinière à quoi me raccrocher et je reste quand même en selle en encaissant un choc brutal qui se termine dans un soupir, comme un ballon qui se dégonfle. Je suis toujours en selle.

Parmi les « servants » de Percival, j'ai établi une relation particulière avec Jean-Franck Girard. Il a fait partie du pool de Saumur qui s'occupait de nous. C'est un pédagogue remarquable : il prodigue ses métaphores, ses images, ses exemples concrets sans lésiner. Le tout avec une grande douceur qui tranche avec les habituels hurlements éructés par les maîtres de manège.

Mais nous avons pu nous retrouver sur un terrain commun, celui du travail à pied. Jean-Franck Girard et moi avons en partage le même langage, qui n'est pas connu de tous. Aussi quand il a commencé à travailler mon cheval, lui à pied, moi dessus, pour m'aider à l'arrondir, j'ai pu le suivre sans qu'aucun mot ne soit nécessaire. Je savais ce qu'il faisait et lui a tout de suite compris que je comprenais et que je savais faire aussi. Nous étions dans le même monde. Très important pour moi : pour une fois je n'avais pas à raconter ce que je savais faire à l'époque où j'étais sur mes jambes. Pour la première fois depuis longtemps, quelqu'un pouvait apprécier immédiatement mes connaissances et mon ancienne compétence. Une fierté passagère qui ne m'a pas aveuglé pour autant. Quand, un peu plus tard, je me retrouve dans le grand manège, rouge écarlate, luisant de sueur, la bombe de travers, juché sur un cheval dans une position inesthétique, je me suis vu dans les grands miroirs : moche, en dessous de tout, loin, très loin, du chevalier fringant qui galopait dans les lumières du château de La Palice.

Les stages à Saumur m'auront au moins permis cela : prendre conscience de mon niveau réel. Si je veux progresser, je ne dois pas rester un handicapé qui monte à cheval. Je dois redevenir un cavalier, le handicap ne compte pas. Mais pour y arriver, je dois connaître à fond ma faiblesse et ma vulnérabilité, je dois les accepter même à cheval.

Je suis reparti de Saumur en me disant une fois de plus que j'étais au pied d'une sacrée muraille.

Sydney

Mais avant l'Australie, il y a d'abord l'étape danoise. 1998 : Coupe du monde au Danemark. Rien à signaler de particulier sur le déroulement des épreuves à ceci près, quand même, que je me verrai affecter une fois de plus un cheval inadapté au possible. Il était gentil et vieux. C'étaient ses seules qualités. Car pour le reste, il était d'une raideur incroyable. Ce qui faisait rigoler Frédéric Aguillaume : « Alors, Monseigneur, on se spécialise dans la gériatrie équine ? »

Curieusement, à cette occasion la commission médicale me classe en grade 2. En clair, ils minimisent mon handicap. Je me retrouve donc confronté à des concurrents moins atteints que moi et je suis obligé de présenter une reprise d'un niveau supérieur.

La même aventure arrive à Frédéric Aguillaume qui passe lui du grade 3 au grade 4. Ni lui ni moi ne songeons à protester. Nous avons la même réaction : on va se débrouiller.

Mais, rétrospectivement, je ne peux m'empêcher de m'interroger sur la légèreté, pour ne pas dire plus, des dirigeants de la Fédération française d'équitation handisport qui n'ont pas compris l'erreur stratégique qu'un tel déclassement entraînait. Ils ont accepté de voir deux de leurs hommes affaiblis et la valeur de l'équipe diminuer d'autant. À noter aussi, qu'une fois de plus, les Français ont un train de retard : le directeur technique m'affirme que dans mon grade – le grade 2 donc – il m'est interdit de galoper lors de la reprise libre en musique. Or je vois mes concurrents galoper sans difficulté. Il faut savoir que cela n'est pas neutre : pour relancer la dynamique d'un cheval, et tout simplement pour relancer l'intérêt des spectateurs et des juges, un temps de galop est toujours appréciable. J'arriverai quand même à obtenir un classement honorable : dixième sur une vingtaine de concurrents.

Mes interrogations – mais depuis Atlanta, je commençais à comprendre – portent sur ces combinaisons et ces tractations de couloirs. Le sport de haut niveau, chez les valides comme chez les handicapés, s'accompagne d'une cuisine décidément peu ragoûtante.

Si je décide de continuer, sans me faire d'illusions sur mes performances personnelles dans un tel contexte, c'est que je me sens lié en quelque sorte à l'équipe de France. Je pense que ma contribution peut nous aider à ramasser quelques points.

Le voyage pour Sydney m'a donné un avant-goût de l'enfer : je peux le définir avec deux mots patience et résignation. Vingt-quatre heures confinées dans un avion. Seule escale : Kuala Lumpur au bout de dix-huit heures. À ce moment-là, les « marchants » marchent et se dégourdissent dans l'aéroport. Les « roulants » restent collés dans leur fauteuil d'avion car leur propre fauteuil est dans les soutes. Je me suis trouvé admirable : résigné, patient, calme, philosophe pour tout dire…

Ce ne sera pas la même chose au retour quand je découvrirais à Roissy après vingt-trois heures de vol et trois heures d'attente dans l'aéroport, les roues de mon fauteuil crevées et voilées.

Sydney offre un contraste saisissant avec Atlanta. Les Australiens se montrent chaleureux, hospitaliers, respectueux. Un détail : sur toutes les affiches, sur tous les écrans lumineux qui jalonnent les rues des villes, *Olympic Games* a été partout remplacé par *Paralympic Games*. Autre détail : les transports en dehors du village olympiques sont organisés et adaptés. Chaque Australien que nous rencontrons s'enquiert de notre bien-être et se soucie de notre installation.

Dans cette atmosphère de bonne humeur et de gentillesse, la hargne de l'équipe des kinésithérapeutes de l'équipe de France me sera insupportable. Il faut savoir qu'être assis à longueur de journée dans un fauteuil roulant vous installe dans une position tordue et affaissée exactement opposée à l'attitude équestre. Faire appel à des kinés, mis à notre disposition par la Fédération française handisport, me paraissait relever de l'élémentaire bon sens et du professionnalisme d'un athlète concourant au plus haut niveau. Après un massage, on m'a fait comprendre qu'on n'avait pas que cela à faire, qu'il me fallait faire ma gymnastique moi-même, ce que je faisais déjà chaque matin, qu'il me fallait quand même me prendre en charge… J'ai retrouvé ma bonne vieille colère pour hurler tout ce que j'avais sur le cœur.

Depuis Atlanta, l'attribution des chevaux se fait selon des procédures qui ont évolué : dans chaque grade, les concurrents tirent désormais leur cheval au sort ! C'est censé être plus juste, cela paraît surtout incongru. Heureusement, chaque cavalier peut remettre en cause le hasard. Certains cavaliers ont en effet des contraintes particulières. Par exemple, je ne peux monter qu'avec deux badines. Il me faut donc un cheval qui l'accepte. Ce n'est pas si fréquent. Peu de chevaux sont dressés à accepter la cravache comme un instrument indicatif et non comme une punition. À chaque fois l'animal a des réactions heurtées voire violentes. À chaque fois, mon équilibre est mis en danger.

Encore une fois, la compétition se déroulera sans surprise pour moi : toujours classé en grade 2, je n'avais plus aucune illusion sur mon score.

Le lendemain, le directeur technique fédéral et l'entraîneur décident de représenter mon cas à la commission médicale. Toujours composée des mêmes vieilles médecins anglo-saxons. Après examen, l'une d'elles prendra un ton de commisération, pour me déclarer : « Mais bien sûr, mon pauv'monsieur que vous devriez être en grade 1... »

Je ressors plutôt amer : me dire cela le lendemain de la compétition, j'ai du mal à l'avaler. Je décide de me rendre sur les carrières où se produisent mes futurs concurrents du grade 1. Mon amertume disparaît immédiatement. Et en retrouvant mes camarades dans le bungalow-cafétéria, je leur explique :

« Même en grade 1, ce n'est plus la peine d'espérer un podium. Le vainqueur, un anglais, fait du trot enlevé et galope en suspension. Je n'ai aucune chance. »

Evidemment, le concurrent en question ne le fait pas au cours de sa reprise. Mais je l'ai observé alors qu'il détendait son cheval en attendant la fin de la prestation de la concurrente précédente. Le temps d'attente a été plus long que prévu, les juges ont discuté plus longtemps, j'ai donc pu l'observer à loisir. Je n'avais plus aucun regret.

Sydney, pour moi, sera riche d'enseignements. Je prends d'abord conscience que dans ces conditions, un paraplégique a peu de chance d'accéder aux trois premières places en international. Mais peu importe. Je ne suis pas mécontent de mon travail. J'ai progressé nettement par rapport à Atlanta et au Danemark. Je peux même dire – et mon entraîneur Fabien Gaudel le reconnaît – que « j'ai fait une perf ». Mes notes sont en effet plus qu'honnêtes. Surtout, je suis maintenant à même de mettre au point mon propre entraînement. Je suis en mesure de me faire mon programme en fonction de mes points forts et de mes points faibles. Ma muraille est toujours aussi haute, mais je sais comment l'attaquer.

Les résultats de l'équipe ne sont guère brillants. Surtout après le Danemark et la préparation relativement soignée dont nous avions bénéficié. Naturellement, dans tous les sports, c'est l'entraîneur qui porte le chapeau. Tous se retourneront donc contre Gaudel, rendu responsable de ces piètres performances. Ce n'est pas mon cas. Bien au contraire. Si dans les mois qui suivent, je n'ai plus de contact avec l'équipe de France, je reste en relations suivies et amicales avec lui. Je considère qu'il s'est retrouvé plongé du jour au lendemain dans le bain de la compétition handisport, alors qu'il ne connaissait rien à la problématique des handicapés et qu'il n'avait jamais pu nous évaluer en compétition, puisqu'il nous avait pris en charge quelques semaines seulement avant Sydney.

Or, Fabien Gaudel est quelqu'un de très lucide. Et aussi de très gentil. Il n'a pas voulu dire brutalement son fait aux uns et aux autres. Il a accepté le jugement surévalué que certains portaient sur leurs propres capacités. Pourtant, perché sur ses longues jambes, aussi minces que celles du flamant rose, c'est un cavalier de haut niveau dont les conseils sont plus que précieux. De mon point de vue, c'est un véritable dresseur. Ses chevaux portent sa signature. Il ne se contente pas d'exploiter leurs qualités naturelles. Il les sculpte. On peut même dire que ses chevaux, quels que soient leur âge et leur niveau, se ressemblent. On sent qu'il cherche. Ce n'est pas seulement un homme talentueux qui exploite des animaux plus ou moins bien faits. C'est un cavalier qui n'est jamais vraiment satisfait. Il vise toujours le haut niveau mais il ne s'en contente pas. Les honneurs, les résultats, même flatteurs, ne lui tournent pas la tête et n'altèrent pas son jugement. Il reste lucide, toujours.

Très sensible, il ne délivre ses conseils que gentiment, doucement. Pas de hurlement, pas d'insultes. Une grande pédagogie, un grand respect pour les efforts que fournissent cavaliers et chevaux.

Si son aide me fut précieuse, c'est parce que depuis mon handicap, il fut le premier professionnel en mesure de pouvoir me juger réellement à cheval. Son œil, son expérience et sa sensibilité le lui ont permis.

Retour à la scène

Les deux chevaux marchent au pas espagnol vers mon piano. Arrivés devant l'instrument, ils se lèvent, et posent leurs deux antérieurs dessus. Assis dans mon fauteuil, je continue de jouer mais à chaque fois le choc des quatre sabots sur la caisse provoque chez moi la même montée d'adrénaline. Je suis surplombé et toisé par deux têtes et deux paires d'oreilles pointées vers moi. L'effet sur le public est garanti.

En fait, il s'agit d'un faux piano à queue. Je joue sur un piano électronique déguisé en piano à queue, renforcé pour le numéro. Le cavalier, Pascal Chemel, présente la jument et le hongre en dextre. Il s'agit d'une technique ancienne qui repose sur l'idée du mimétisme. Les chevaux en effet se copient volontiers. Pascal en monte un et dirige l'autre de sa main droite. Il déroule toute une chorégraphie, aux trois allures. Le tout en musique bien sûr. Sur une de mes compositions.

Il y avait assez longtemps que je connaissais Pascal puisque j'avais eu l'occasion de le croiser sur des tournages de films, dont le dernier avait été *La Reine Margot*. Pascal, qui avait mis son numéro au point sur une bande son, a trouvé intéressant de travailler avec un musicien présent avec lui sur la scène. Il faut dire que cela offre une plus grande souplesse pour le cavalier, car si le musicien connaît et la musique – ce qui est assez courant – et les chevaux – ce qui l'est moins – il peut adapter le tempo en fonction de ce qui se passe sous ses yeux. En fait, « je tape un bœuf » avec un cavalier.

En plus, je lui ai proposé de lui écrire une musique. Ce qu'il a accepté, évidemment.

Je me suis mis au travail, je dois le dire avec grand plaisir. C'était la première fois que je me lançais dans une telle création. Sept minutes au total durant lesquelles je devais accompagner et faire entendre le monde du cheval. À moi de retrouver les rythmes du pas, du trot et du galop. Il me fallait trouver des ambiances en rapport avec le travail des chevaux. Musique de film, musique espagnole et musique baroque furent mes sources principales.

Outre la scène du poser des antérieurs sur le piano, il y avait un autre moment fort : Pascal galopait autour du hongre assis sur ses fesses, presque au bout du piano. Sa volte était très resserrée, puisqu'il continuait à tenir le cheval assis par les rênes, qui s'entortillaient au fur et à mesure des tours. L'effet était quasi tauromachique.

Ce que j'ai particulièrement aimé dans ce numéro, c'est la complicité qui nous reliait tous les quatre Les deux animaux faisaient vraiment partie de la troupe…

En composant la musique, je me suis trouvé confronté au galop. À ce moment-là, je ne galopais pas encore. Pour écrire une musique crédible, il me fallait retrouver la sensation du galop. Je peux dire que j'ai fantasmé, imaginé cette sensation, parce que je la connaissais parfaitement même si je ne pouvais plus la revivre. Tout comme je garde le souvenir très précis de mes pieds qui foulent une herbe trempée de rosée.

Le spectacle a été proposé aussi bien aux Crinières d'or d'Avignon, à Cheval passion, qu'à Vienne en Autriche et à Bercy. Il a à chaque fois rencontré un grand succès et je ne suis pas peu fier d'avoir recueilli des louanges de la part de quelques cavaliers internationaux. Je pense notamment à Vienne, lors des épreuves de Coupe du monde de CSI, concours internationaux de sauts d'obstacles. Il est vrai que le numéro avait beaucoup de tenue.

Quand Bernard se souvient d'une sensation physique, il le fait avec une intensité particulière. Après tout, je me souviens moi aussi d'avoir marché pieds nus dans de l'herbe mouillée. Mais demain je peux retrouver cette sensation facilement. Du coup mon souvenir reste sans importance. Pas pour lui. Ses anciennes sensations, il ne les éprouvera plus. Mais comme il n'est pas résigné, il s'obstine à ne pas les oublier, à les cultiver pour littéralement les recréer et les revivre. C'est en même temps réel et complètement intellectuel. Cela est tout à fait caractéristique de sa façon de faire, y compris à cheval. Il part de ses anciens souvenirs pour reconstruire une réalité.

Dao

La rumeur du hall d'exposition m'arrivait par petites bouffées, à chaque fois que je reprenais pied dans la réalité. Une petite gorgée de public, une petite gorgée d'odeurs, une petite gorgée de chaleur et je repartais dans mon monde.

Tout doux, mon ami Dao. Mon ami ! Hier, je ne te connaissais pas. Aujourd'hui je suis assis sur ton dos. Et je sais depuis la première seconde que tu es mon ami. Ce que je pense, tu le devines et tu l'exécutes. Avec plaisir. Comme le ferait un vieil ami. Pas d'effort, pas d'incertitude, pas d'hésitation.

Je suis exactement là où je dois être : sur le dos d'un cheval. Au centre du monde.

Dao, je pense « pas espagnol ». Bouffée d'applaudissements. Partons au trot. Pas de saccades. Ton dos amortit le choc de tes pieds qui frappent le sable mou de la carrière. Il ne reste plus sous mes fesses qu'un moelleux roulis. Je vogue sur un océan de visages attentifs, intrigués ou souriants. Je suis comme une île au milieu de la mer, assis sur un morceau de paradis..

Passage. Danse, Dao, danse. Je me fais léger. Je suis une bulle, lourde de gratitude pour Magali Delgado.

C'est elle, ta maîtresse, qui m'a proposé de te monter, toi qu'elle a dressé et fait danser sur toutes les scènes de France et de Navarre. Gratitude pour Magali, bonheur de t'avoir trouvé. Rythme simple à deux temps. Tes sabots scandent ma joie.

Juste penser, avoir dans la tête et dans son corps la cadence. Te laisser exécuter le mouvement. Tu es mon prolongement, Dao. Je ressens la vibration de tes sabots et la tension de ta jambe, le jeu de tes épaules et le fléchissement de tes jarrets. Quand je veux lever ma main, ai-je besoin de lui en donner l'ordre ? Quand ma main se lève, m'obéit-elle ? Quand tu danses, Dao, je danse.

Autour de la carrière, le silence se fait. Il me semble que je grandis, que j'absorbe le monde.

J'ai songé au piaffer et je suis resté sur place. Mon dos s'est tendu, mes postérieurs ont poussé, l'un après l'autre. C'est cela être un centaure.

Je savais que tu pouvais devenir ma moitié, instantanément. Je le sais : vous les chevaux, vous attendez patiemment que les hommes retrouvent l'ancienne langue du corps, celle qui nous a permis, à nous les hommes et à vous les chevaux de parcourir la terre, de vivre et parfois de mourir ensemble. Mais les hommes ne savent plus vous parler. Au mieux, ils vous chuchotent des inepties aux oreilles. Au pire, leurs corps disent leurs colères et leur folie. Ils vous font peur. L'antique complicité a disparu.

Je le sais : que ce soit avec Magali, ou avec moi, avec une femme bien sur ses deux jambes, ou avec un homme handicapé, je sais que toi et les tiens vous accepterez toujours de reprendre, tout de suite, sans condition, le dialogue interrompu, pour peu que l'homme retrouve la vieille langue, celle des vivants.

Pirouette, Dao, toujours au piaffer. Ils applaudissent. Ils t'applaudissent, Dao. Ils ignorent à quel point c'est simple et facile. Je suis heureux.

Cela s'est passé un jour de décembre 2001, au Salon du cheval, sur la carrière des ibériques, hall 7 du parc des Expositions de la porte de Versailles à Paris.

L'instant était magique.

Épilogue

Ce livre, que nous avons écrit ensemble, Bernard et moi, n'est pas un ouvrage d'équitation. Nous avons juste raconté l'histoire d'un homme et la relation qu'il entretient avec les chevaux. Le cavalier pourra peut-être se sentir frustré à certains moments. C'est en pensant à lui que nous avons écrit cet épilogue, plus technique, qui expose les quelques réflexions qui ont guidé et guident encore Bernard dans son travail quotidien avec les chevaux. En effet, quelques semaines avant le Salon du cheval de 2001, Bernard a acheté Piropo, pur-sang lusitanien (PSL) de six ans. Il s'est alors lancé un nouveau défi : dresser un cheval.

VP : Pourquoi avoir choisi ce cheval-là ?

BS : J'ai monté de nombreux chevaux avant et après mon accident. Le cheval ibérique est indiscutablement le plus apte, vu son squelette et son anatomie, à pratiquer l'équitation classique. Les chevaux que montaient les seigneurs du XVIIIe siècle étaient des ibériques.

À cela s'ajoute son confort, conséquence de sa souplesse, une qualité que je ne peux dédaigner depuis que je suis handicapé. Mais surtout le cheval ibérique, en particulier le portugais, possède un mental exceptionnel. Pourquoi ? Parce que c'est un cheval de travail. Au Portugal, il est utilisé pour la tauromachie – ce qui en dit long sur son courage et sa soumission – ou dans les élevages pour trier le bétail. Tout cela en fait un animal proche de l'homme. D'autant plus qu'au Portugal, il y a une vraie culture de l'équitation classique. Elle est pratiquée là-bas de manière quasi naturelle. Si bien que leurs chevaux sont à leur image, parfaitement classiques.

Le choix de Piropo est un peu dû au hasard. Je l'ai rencontré chez Patrick Julien, qui assure les spectacles équestres du château de Chambord. J'étais parti pour voir un autre cheval. Quand j'ai vu la tête de Piropo à la porte de son box, il s'est passé quelque chose. Un coup de foudre, peut-être…

Piropo possède d'énormes qualités. Il est grand, 1,70 m au garrot. Il est doté d'un physique qui l'apparente aux chevaux utilisés dans l'arène : une encolure massive, un dos court, une croupe puissante et un squelette en rapport avec sa masse.

Ses qualités mêmes pouvaient me poser des problèmes : il n'est pas facile de remuer une telle masse quand on n'a plus de jambes. C'est là que le mental prend toute son importance. Il y a chez lui un mélange de placidité, qui en fait un cheval sûr, et une sensibilité qui lui donne envie de bien faire. Je pense souvent qu'il est comme les chevaux de trait de mon enfance : il tire sa charrue de bon cœur. Ce qui ne l'empêche pas de le faire avec élégance.

Pour m'imposer, il m'a fallu me renforcer. Je peux dire que Piropo m'a tiré vers le haut.

VP : Avez-vous utilisé une méthode particulière pour le dresser ?

BS : Non. D'abord, je n'adhère à aucune secte et je ne crois pas à l'existence d'une méthode unique.

Avant de prétendre travailler Piropo, j'ai commencé par me travailler, moi. L'objectif est simple : les muscles du cheval répondent aux muscles du cavalier. Si ce dernier utilise les siens convenablement, le cheval emploiera les siens de même. Cette vérité est connue de tout cavalier de haut niveau. Simplement, il m'a fallu, pour y arriver, reconstruire mes propres muscles perdus. Je suis comme un forgeron à qui, un jour, ses outils ont été retirés. Pour continuer, malgré tout, à exercer son activité, il lui faut d'abord fabriquer ses outils. Ça m'a pris dix ans.

VP : Vous avez quand même des références, des maîtres, qui vous ont guidé.

BS : J'ai surtout en tête des anciens comme Baucher, Beudant, Faverot de Kerbrech ou Raabe. Chez les modernes, je citerai Oliveira. À ce propos, je voudrais insister sur un point : Baucher a été fort décrié, dès son époque. Il est de bon ton de l'opposer aujourd'hui à Nuno Oliveira, qui serait lui le véritable héritier de La Guérinière, l'illustre écuyer français du XVIIIe siècle. Ceci me paraît absurde. Je dirai tout simplement que le Portugais a réussi la synthèse des deux Français. Certains, qui n'ont pas compris Baucher, n'ont évidemment pas vu cette synthèse.

VP : Pourquoi Baucher a-t-il pour vous une telle importance ?

BS : Je ne l'ai pas découvert après mon accident. Je le connaissais et mettais ses conseils en pratique bien avant. Mais il est clair que depuis mon accident, en quelque sorte, je n'ai plus le choix. Le maître mot de Baucher, c'est « équilibre ». Avant toute autre exigence. Equilibre du cavalier, équilibre du cheval. Or ni l'un ni l'autre ne sont en équilibre lorsqu'ils sont l'un sur l'autre. Même pas à l'arrêt. Donc rechercher l'équilibre est un préalable. Pour Baucher et pour tout cavalier scrupuleux. Outre que cette exigence est un absolu, je ne peux plus monter autrement : je ne peux plus me raccrocher à mes jambes, je suis condamné à l'équilibre. Le mien, qui ne peut pas exister sans celui du cheval. Il va sans dire que si l'objectif, la finalité, le souci, c'est l'équilibre, nul besoin d'éperons, nul besoin de bride, nul besoin d'instruments plus ou moins coercitifs, étant entendu que le mental et le physique du cheval s'y prêtent.

VP : Cette manière de monter exclut toute notion de performance sportive.

BS : Exactement. Il s'agit de travailler dans un certain état d'esprit, de développer un partenariat, une collaboration avec sa monture. Le résultat sportif, la performance arriveront, ou pas. Peu importe. Ce qui compte c'est le développement harmonieux et respectueux de l'homme et de l'animal. La recherche du beau est plus importante que la note du juge. Je pourrais d'ailleurs ajouter que je n'ai jamais vu un cheval beau qui ne fût pas juste sous la selle. C'est à ces conditions que l'équitation devient un art et rejoint la musique ou la danse.

CHEVAL
CHEVAUX

collection dirigée par
Jean-Louis Gouraud

DANS LA MÊME COLLECTION

Sherwood Anderson
LES CHEVAUX DE L'ADOLESCENCE

Adnan Azzam
À CHEVAL ENTRE ORIENT ET OCCIDENT

Laurence Bougault
CHEVAUX ENTIERS ET ÉTALONS
Kay Boyle
LE CHEVAL AVEUGLE

Ángel Cabrera
CHEVAUX D'AMÉRIQUE

Astolfo Cagnacci
CHEVAUX EXTRAORDINAIRES

Mayeul Caire
GAGNANT !

Philippe Deblaise
GASPARD DES CHEVAUX
(Prix Pégase, 2004)
*

LES CHEVAUX DE VENAFRO

Christian Delâge
FOU DU ROI
*
LA DERNIÈRE LIGNE DROITE

Antoinette Delylle
L'ÉQUITATION SENTIMENTALE

C. Virgil Gheorghiu
LES NOIRS CHEVAUX DES CARPATES

Jean-Louis Gouraud (et Compagnie)
« C'EST PAS CON UN CHEVAL, C'EST PAS CON ! »
*
SERKO *suivi de* RIBOY *et* GANESH
(Prix de l'Académie vétérinaire de France, 2006)

Bernard Mahoux
MON CHEVAL, MA FEMME ET MOI

Sophie Nauleau
UNE ANTHOLOGIE DE LA LITTÉRATURE ÉQUESTRE FÉMININE

Jean d'Orgeix
MES VICTOIRES, MA DÉFAITE

Pierre Pradier
L'ÉCOLE DES CENTAURES

P. A. Quarantotti Gambini
LE CHEVAL TRIPOLI

Bernard Sachsé et Véronique Pellerin
SUR MES QUATRE JAMBES

Marion Scali, Jacques Papin, Adeline Wirth
« LE JOUR OÙ LES CHEVAUX PARLERONT… »

Léon Tolstoï, Alexandre Kouprine, Carl Sternheim
QUAND LES CHEVAUX PARLENT AUX HOMMES

Philippe Thomas-Derevoge
LE VIZIR, LE CHEVAL LE PLUS ILLUSTRE DE NAPOLÉON

Aimé-Félix Tschiffely
DON ROBERTO

Marc-André Wagner
DICTIONNAIRE MYTHOLOGIQUE ET HISTORIQUE DU CHEVAL

Adeline Wirth
CHEVAL DE CŒUR

Collectif
HISTOIRES D'AMOUR (ET DE CHEVAUX)

Don Höglund
CHEVAUX DE PERSONNE

Dépôt légal : avril 2015
IMPRIMÉ EN FRANCE

Achevé d'imprimer le 19 mars 2015
sur les presses de l'imprimerie « La Source d'Or »
63039 Clermont-Ferrand
Imprimeur n° 17735

PEFC/10-31-2008

Dans le cadre de sa politique de développement durable,
La Source d'Or a été référencée IMPRIM'VERT®
par son organisme consulaire de tutelle.
Cet ouvrage est imprimé - pour l'intérieur -
sur papier bouffant "Munken Print White" 80 g main de 1.8
provenant de la gestion durable des forêts,
des papeteries Arctic Paper, dont les usines ont obtenu
les certifications environnementales ISO 14001 et E.M.A.S.